KB163634

일본의 신사(神社)

차례
Contents

신사(神社)란 무엇인가?

신사와 일본인의 생활문화

정말로 일본인을 만나고 싶다면 신사(神社)에 대한 이해가
필요하다. 신사가 무엇이냐에 관해서는 후술하기로 하고, 여
기서는 먼저 오늘날 일본인의 일상적 삶에 깊이 스며들어 있
는 신화 문화의 현장 속으로 상상의 여행을 떠나보기로 하
자. 지금은 정초이고 우리는 한 평범한 일본인의 집 문 앞
에 서 있다. 거기에는 '가도마츠'라 불리는 소나무 장식이 세
워져 있고 현관에는 '시메나와'가 걸려 있다. 주위를 둘러보
니 골목길의 집집마다 풍경이 같다. 이것이 새해 첫날에 가미

[神]를 맞이하기 위한 장식임은 말할 나위 없다. 주인의 안내로 집안에 들어서니 거실 상단에 마련된 '도코노마'(바닥을 약간 높여 만들어 놓은 공간으로 꽃이나 족자 등으로 장식되어 있다)에 차려진 둥글납작한 대소(大小) 두 개의 포갠 떡이 눈에 들어온다. 이는 '가가미모치'라 해서 설날에 가미를 대접하기 위해 차려놓은 것이다.

어느덧 장면이 바뀌고 우리는 도쿄의 메이지신궁[明治神宮]에 와 있다. 그런데 이게 웬일인가? 신궁 경내는 발들일 틈조차 없을 정도로 인산인해를 이루고 있다. 다른 신사들도 사정은 마찬가지다. 알고 보니 일본인들은 하츠모우데[初詣]라 해서 정초에 신사를 참배하면서 새로운 한 해의 시작을 기념하는 것이 관례라고 한다. 메이지신궁처럼 큰 신사에는 매년 정초에 연인원 수백만 명이 참배한다고 하니 그저 놀라울 따름이다. 신도와 관련된 중요한 절기가 또 하나 있는데, '세츠분'이라 불리는 입춘 전날이 그것이다. 이 날에도 사람들은 액풀이를 위해 신사를 참배한다.

이 뿐만이 아니다. 일본인들은 인생의 중요한 매듭마다 신사를 참배한다. 가령 아기가 태어나면 일정 기간(통상 남아는 32일, 여아는 33일)이 지난 다음 모친과 조모가 아기를 안고 신사를 참배하여 건강한 발육과 행복을 기원한다. 이를 '오미야마이리'라 한다. 또한 아이가 3세(남녀 공통), 5세(남아), 7세

(여아)가 되는 해의 11월 15일에도 신사를 참배하는데, 이런 관례를 시치고산[七五三] 축하연이라 한다. 게다가 성인이 된 후에도 남자는 25세와 42세 때, 여자는 19세와 33세 때에 액땜을 위해 신사를 참배하는 관습도 있다.

그렇다면 평상시에는 어떤가? 다시 평범한 일본인의 가정을 엿보기로 하자. 일반 가정에는 통상 신단이 설치되어 있다. 거기에는 신사의 오후다(일종의 부적)가 봉안되어 있는데, 사람들은 아침 일찍 일어나 세면을 한 뒤 이 신단을 참배하면서 가미와 조상신에게 감사 인사를 올리고 하루의 안녕을 기원한다. 입학이라든가 진학, 졸업, 취직, 환갑 등의 날에는 각 가정마다 신단 앞에 가족들이 모여 감사와 축하의 기원을 올리기도 한다.

숲의 종교, 신사의 풍경

이처럼 일본인의 생활문화 속에 지금도 살아서 움직이고 있는 일본의 신사는 원래 '모리'라고 불렸는데 이는 숲을 뜻한다. 우리가 '절' 하면 산을 떠올리듯이, 일본인은 어릴 때부터 '신사' 하면 숲을 연상하면서 자라난다. 실제로 일본 어디를 가든 우리는 숲에 둘러싸인 신사를 만나게 된다. 지금 우리는 다시금 상상의 여행자가 되어 그 숲의 초입에 있다. 청정한 숲 내음이 가득한 신사 입구에는 'ㅠ'자 모양의 문이 서 있다. 일본인들은 그것을 도리이[鳥居]라고 부른다. 이 도리이는 일본 지도상에서 신사를 가리키는 표지이기도 하다. 도리이의 기원에 관해서는 여러 설이 있다. 혹자는 중국의 화표(華表, 왕성이나 능묘 앞에 세우는 문)가 일본에 들어가 도리이가 되었다고도 하고, 혹자는 한국의 솟대가 그 원형이라는 주장을 하기도 한다. 어쨌든 우리는 도리이를 지나면서 여기부터 신성 지역이겠거니 여긴다.

석등이 늘어서 있는 단아한 길을 따라 조금 더 들어가 보면 저 앞에 신사 건물과 한 쌍의 사자상이 눈에 들어온다. 우리가 해태상이라고 알고 있는 이 사자상을 일본에서는 '고마이누'라 하는데, 여기서 '고마'란 고려 혹은 조선을 뜻하는 말이니까 그것이 한반도를 거쳐 일본에 들어갔으리라는 짐작을 하게 한다. 이 고마이누는 해태상과 마찬가지로 악귀를 막는 수호자의 의미를 가진다.

신사 건물 앞의 한쪽 귀퉁이에는 약수터처럼 보이는 장소가 있다. 이곳은 데미즈야[手水舍]라고 불리는데, 사람들은 여기서 신 앞에 나아가기 전에 몸과 마음의 때를 물로 씻어 낸다. 앞으로 독자 여러분이 신사를 둘러볼 때 참고가 되도록 데미즈야에서의 매너에 대해 간단히 짚고 넘어가기로 하자.

먼저 여행자는 오른손으로 대나무 국자처럼 생긴 물푸개

(히샤쿠)를 잡고 물을 퍼서 왼손부터 씻는다. 그런 다음 물푸개를 왼손에 바꿔 잡고 오른손을 씻은 후 다시 오른손에 물푸개를 옮겨 쥔 채로 왼손바닥을 오므려 물을 받아 그것으로 입을 가신다. 하지만 이때 일본인들은 물푸개에 직접 입을 대거나 물을 마시지 않는다. 외국인 여행자들은 종종 물을 마시는 경우가 있는데 이는 일본 문화를 잘 모르는 데서 비롯된 실례이다. 어쨌거나 이런 정화 의식을 신도에서는 '하라이'라고 부른다.

이제 우리는 이국적 분위기를 한껏 자아내는 신사 앞에 서 있다. 우리 앞에는 헌금함 같은 것이 놓여 있고 사람들이 그 안에 동전을 던져 넣는 소리가 끊이지 않는다. 그 상자 위에는 큰 방울 혹은 종이 달려 있고, 아이들이 흥겹게 줄을 잡아당기는 모습이 정겹기만 하다. 이렇게 방울이나 종을 울리는 것이 신을 불러내는 의식임은 말할 나위 없다. 그런 다음 참배자는 무언가를 기원하면서 두 번 절하고 두 번 손뼉을 친 후 다시 한 번 절하고는 물러나온다. 『위지魏誌』 왜인전을 보면 일본인이 귀인을 공경할 때 손뼉을 쳤다는 기록이 나오는데, 이로 보아 신사에서 손뼉을 치는 의식은 이미 3세기 이전부터 있었던 일본 고유의 풍습임을 알 수 있다.

참배자들이 손뼉을 치면서 기원하는 이 신사 건물은 통상 배전(拜殿)이라 불리는 곳이고, 신사에서 가장 중요한 건물인 본전(本殿=神殿=正殿)은 그 뒤쪽에 있다. 본전에는 각 신사의 제신과 신체(神體, 제신을 상징하는 예배 대상물로서 구슬, 거울, 검, 방울 등 신사에 따라 다양하다)가 모셔져 있으므로 일반 참배자는 출입 금지다. 일반적으로 신사의 건축 양식을 말할 때는 바로 이 본전의 양식을 의미한다. 신사 본전의 양식을 구분하는 기준에는 두 가지가 있다. 첫째, 본전에는 건물의 본체를 이루는 모야 외에 그 바깥에 '히사시'라 불리는 일종의 행랑채가 붙어 있는 경우가 있는데, 이와 같은 히사시의 유무가 하나의 기준이 된다. 둘째, 지붕의 용마루가 본전 건물의 정면과 평행을 이루는 히라이리[平入] 건축법이냐, 아니면 양자가 직각으로 교차되는 츠마이리[妻入] 건축법이냐가 또 하나의 기준이다.

오늘날 일본에 가장 널리 보급되어 있는 신사 건축 양식은 히라이리에다 히사시가 붙어 있는 본전 양식으로, 이를 나가레즈쿠리[流造]라 한다. 한편 이세신궁(伊勢神宮, 일본 신사의 총본산)의 본전 양식은 히라이리에다 행랑채가 없는 신메이즈쿠리[神明造]인데, 이는 일본 신사 중에서 가장 오래된 전통적인 건축 양식으로 유명하다. 양식은 다양하지만 신사의 건축 재료로는 대체로 원목의 껍질만 벗기고 칠을 하지 않은 목재가 쓰인다는 점, 모든 신사 건물에는 정면의 지붕과 지붕이 만나는 곳에 X자 모양으로 튀어 나온 치기(千木)

와 마룻대 위에 직각으로 늘어놓은 가츠오기[堅魚木]가 있다는 점이 공통적이다. 앞에서 도리이가 신사의 중요한 상징이라고 말했는데, 절에도 도리이가 세워져 있는 경우가 있다. 하지만 치기와 가츠오기는 불교 사원에는 없다. 요컨대 치기와 가츠오기가 있는 건물은 반드시 신사라고 보면 틀림없다.

이쯤 해서 신사 경내의 다른 풍경을 둘러보자. 이때 특히 시메나와[注連繩], 에마[繪馬], 오후다[御札], 오미쿠지[御神籤], 그리고 미코[巫女]의 존재가 우리의 눈길을 끈다. 통상 신사 경내에는 거대한 나무(神木)가 있고 그 둘레에는 새끼줄에 흰 종이오리를 여러 개 드리운 일종의 금줄 같은 것이 걸려있다. 이런 금줄을 일본 신도(神道)에서는 시메나와라고 하는데, 이 시메나와는 비단 신목 주변뿐 아니라 배전이나 본전 등 신성 지역을 나타내는 장소에서도 흔히 찾아볼 수 있다.

한편 신사 경내를 거닐다 보면 윗부분이 산 모양을 한 작은 나무 액자들이 걸려 있는 전시물을 볼 수 있다. 거기에는 봉납자들의 기원을 담은 글이나 그림들이 그려져 있는데, 원래는 신사에 기원이나 보은을 위해 바친 큰 액자로 말 그림이 그려져 있었기에 에마(말 그림)라고 부른다. 이처럼 신사에 에마를 바치는 관습은 중세 일본의 가마쿠라[鎌倉]시대(1192~1336)에 널리 보급되었고, 근세 에도[江戶]시대(1603~1868)에는 화가들이 그린 각종 에마를 신사에 전시함

신사에서 판매하는 교통안전 오후다. 뒤에 서 있는 젊은 여성은 보조 신직인 미코.

으로써 신사가 일종의 화랑 역할을 하기도 했다. 오늘날에는 소원 성취를 위한 에마 봉납이 일반적으로 성행하고 있다. 일본에서는 지금도 특히 입시철이 되면 어느 신사에 가든 합격을 기원하는 에마가 수백 개씩 걸려 있는 풍경을 쉽게 접할 수 있다.

이번에는 경내에 있는 기념품점에 들러 보자. 통상 신사의 접수처이기도 한 기념품점에는 여러 가지 아기자기한 상품들이 즐비하다. 그 가운데 우리가 특히 주목할 것은 오후다와 오미쿠지이다. 오후다는 오마모리라고도 하는 일종의 부적을 가리킨다. 거기에는 신사 이름과 함께 가내안전, 화재안전, 교통안전, 입시합격, 장사번창, 치병, 취직, 연인, 혹은 운수 및 복과 장수 등을 기원하는 글귀들이 적혀 있다. 일본인들은 각자 자신에게 필요한 오후다를 사다가 그것을 몸에 지니거나 또는 집안의 신단[神棚]에 안치하거나 문 입구나 기둥 같은 곳에 붙여 놓기를 좋아한다. 그럼으로써 신의 가호를 입을 수 있다고 여기는 것이다. 심지어 자동차나 선박 혹은 비행기 안에서도 오후다를 발견할 수 있다. 여러분이 일본에 가서 차를 타면 그 안을 잘 살펴보라. 그러면 차 안 어딘가에 '교통안전'이라고 적힌 오후다를 찾아낼 수도 있을 테니까.

이런 오후다 만큼이나 일본인들이 좋아하는 것이 바로 오미쿠지이다. 오미쿠지란 일종의 복점 뽑기라 할 수 있는데, 많은 일본인들은 신사나 절에 가면 잊지 않고 오미쿠지를 사서 자신의 길흉을 점친다. 물론 대부분은 재미 삼아서 한다. 대길(大吉)이라든가 길(吉)이라고 적혀 있는 점괘가 나오지 않으면 좋은 점괘가 나올 때까지 계속 오미쿠지를 사는 사람들도 있다. 다 읽은 오미쿠지 종이는 버리지 않고 접어서 경내 게시판이나 나뭇가지 같은 데에 걸어 놓는다.

또한 신사의 풍경에서 빼놓을 수 없는 것이 미코의 존재이다. 일반적으로 신사의 직원인 신직은 총책임자인 구지[宮司]와 그 아래의 네기[禰宜]와 곤네기[權禰宜]로 구성되어 있다. 이에 비해 신사에 소속된 여신관(女神官)이라 할 수 있는 미코는 통상 미혼의 소녀로 접수와 판매에서부터 신에게

음식을 바치는 일과 제사 및 신도 예능에 이르기까지 다양한 영역에 걸쳐 봉사하는 보조 신직에 해당된다. 흰 저고리에 선홍빛 치마를 받쳐 입은 미코의 모습에서 어딘가 모르게 무녀의 신기(神氣)를 연상한다 한들 그것은 어디까지나 여행자의 자유일 것이다. 예전에는 미코가 실제로 신들려 공수를 한다든지 하는 일도 있었다고 하지만, 오늘날에는 아르바이트생을 쓰는 일도 허다하다고 한다.

신사의 역사와 사상

이제 신사의 숲을 걸어 나와 바깥에서 신사를 바라보기로 하자. 다시 말해 해석하는 관찰자의 눈으로 신사를 중심으로 전개되어 온 신도의 전통과 일본인의 신 관념 등에 관해 그 역사적, 사상적, 이론적인 측면을 간단히 살펴보기로 하겠다.

일본의 신사는 'OO신사'라는 명칭이 가장 일반적이지만, 그 밖에도 'OO신궁'이라든가 'OO궁(宮)', 혹은 'OO대사(大社)'라는 호칭으로 불리는 신사도 적지 않다. 여기서 '신궁'이란 가령 이세의 이세신궁이나 도쿄의 메이지신궁 등과 같이 주로 황실과 관계가 깊은 특별한 신을 모신 신사를 말한다. 이에 비해 그냥 '궁'이라고만 붙어 있는 경우는 두 종류가 있다. 즉, 궁을 '미야'라고 읽을 때는 보통 신사를 가리키며, 닛코의 도쇼구[東照宮]처럼 '구'라고 읽을 때는 신궁과 동일한 의미를 갖는다. 한편 '대사'라는 명칭이 붙은 신사는 옛날에 신사 사격을 대/중/소로 나누었을 때 대사의 사격을 부여받았던 신사를 가리키는 것으로, 이즈모[出雲]대사라든가 나라의 카스가[春日]대사가 특히 유명하다.

다음으로 신사의 기원에 대해 생각해 보자. 사실 처음부터 신사라는 건물이 존재했던 것은 아니다. 고대 일본인들은 큰 나무나 산 혹은 큰 바위 등에 신이 깃들어 있다 하여 신성시하곤 했다. 이런 것을 히모로기 혹은 이와사카라 불렀다. 이때 히모로기란 특히 신성 지역에 상록수를 심고 울타리를 두른 곳을 가리키며, 이와사카는 큰 돌을 세워 원형 또는 방형으로 두른 곳을 말한다. 이것이 발전되어 신사가 되었다고 하는데, 최초의 신사에는 우지가미[氏神], 즉 씨족의 조상신이 모셔졌다.

일본의 신사는 그 성격상 크게 우지가미형 신사와 간조형 신사 두 계통으로 나눌 수 있다. 이 중 우지가미형 신사는 각 지역별로 제한된 신자들만이 참여하는 공동체적 제사가 중심을 이루었다. 그러다가 헤이안[平安]시대(794~1193) 이래 지역적 경계를 넘어 새로운 형태의 신사가 널리 출현했는데, 이를 간조[勸請]형 신사라 한다. 여기서 간조란 신의 분령(分

靈)을 맞이하여 모신다는 말이다. 이런 간조형 신사는 우지가미형 신사에 비해 신의 영험을 강조하며, 따라서 보다 현세이익적인 개인 기원이 중심을 이룬다. 하지만 오늘날 대부분의 신사는 이 두 형태가 복합적으로 혼재되어 있다.

이번에는 신도에 대한 정의를 내려보자. 예컨대 기독교가 사막의 종교라면 신도는 숲의 종교라 할 수 있다. 바꾸어 말하면 신도는 신사의 종교 혹은 신사에서 행해지는 의례적 행위, 곧 마츠리[祭]의 종교라는 규정이 가능할 것이다. 이런 정의는 일본 민속학의 개창자 야나기다 구니오[柳田國男]를 비롯하여 많은 신도 연구자들의 입장이기도 하다. 이와는 달리 신앙 체계, 신 관념, 신화의 전승 등을 기준으로 다양하게 신도를 정의내릴 수도 있다. 심지어 신도는 종교가 아니라 일본인의 생활 정서에 밀착된 전통 문화일 따름이며, 굳이 말하자면 '종교 이전의 원초적 종교' 혹은 '교조도 경전도 없는 종교'라는 식의 정의도 가능할 것이다. 그러나 어떤 경우든 우리는 일본의 문화 현장 속에 엄연한 실체로 존재하는 신사와 마츠리의 풍경을 부인할 수 없다. 그 풍경은 우리가 상상하는 것 이상으로 훨씬 강력하고 풍부한 원천으로서 일본인들의 삶 안에 깊고도 넓게 펼쳐져 있다.

그렇다면 '신도'라는 명칭은 언제부터 통용되기 시작한 것일까? 신도란 말이 문헌상 최초로 등장하는 것은 『일본서기』 31대 요메이[用明] 천황기에서이다. 거기에는 "천황이 불교를 신앙하고 신도를 존숭했다"고 나온다. 여기서 유념할 것은 신도라는 개념어가 불교의 대비어로 쓰이고 있다는 점이다. 이는 일본인이 외래의 종교 문화(타자)를 접하면서 비로소 신도(자기)를 의식하기 시작했음을 시사한다. 사실 우리는 타자와의 만남과 관계성을 통해서만 자기를 알 수 있다. 고대 일본인이 불교라는 타자를 통해 일본 고유의 신도를 자각했다는 말도 그런 뜻일 것이다.

하지만 일본인의 정신성은 거기서 끝나지 않는다. 그들은 자신과는 다른 타자를 재빨리 수용하고 공존시킬 줄 아는 열린 정신 구조의 소유자임과 동시에, 그 타자를 끝내 일본화(자기화)시켜 버리고, 그런 다음에는 가차 없이 최초의 타자를 제거하려 드는 닫힌 정신 구조의 소유자이기도 하다. 1천여 년이 넘는 기나긴 신불습합(神佛習合)의 역사에서 우리는 이런 이중적 정신 구조의 한 단면을 잘 엿볼 수 있다.

6세기경 백제로부터 일본에 불교가 전래된 초기 단계에서 신도와 불교는 대체로 대등한 관계를 유지했다. 이때는 외래 종교인 불교측에서 신도에 접근하는 형태로 균형 관계가 형성되었는데, 그 대표적인 사례가 신궁사(神宮寺, 신사 경내에 세워진 절)와 신전독경(神前讀經, 신사에서 불경을 낭송하는 것)의 관례였다. 그러다가 나라[奈良] 도다이지[東大寺]의 대불 건립을 위해 이세신궁에서 의식을 행하고 우사하치만신[宇佐八幡神]이 상경한 8세기 중엽에 이르면 서서히 힘의 균형이 기울기 시작한다. 그리하여 절을 수호하기 위한 신사가 사원 경내에 세워지고 신도 신들에게 보살 칭호가 부여되는 역현상이 나타난다. 신도에 대한 불교의 이와 같은 우위는 10세기에 등장해 11세기에 널리 퍼진 이른바 본지수적설(本地垂迹說)에서 그 정점에 이른다. 이때 '본지'란 불보살을 가리키며, '수적'이란 그 불보살이 중생 구제를 위해 임시로 일본 신도의 신이 되어 나타났다는 의미이다. 이리하여 불교가 주도권을 장악하게 되고 그에 따라 중세에는 료부신도라든가 산노이치지즈신도와 같이 불교의 교의 체계에 의지하는 습합신도설이 형성되는 등 본지수적설은 에도시대에 이르기까지 오랜 세월에 걸쳐 사람들 사이에 폭넓게 침투해 들어갔다. 본지수적의 관념은 실로 일본인의 정신사에서 지울 수 없는 흔적을 남겼다. 오늘날 일본인들이 출생 의례는 신사에 가서 하고 결혼식은 교회나 성당에서 올리고 장례는 절에 가서 치르면서도 아무런 갈등을 느끼지 않는 것도 따지고 보면 기나긴 신불습합의 역사에서 생겨난 특이한 정신성 때문일지도 모른다.

하지만 그 와중에서도 요시다신도처럼 반(反)본지수적의 입장에 선 신도론이 있었음을 간과해서는 안 된다. 거기서는 민족주의적 색채를 띤 신도가 불교에 대한 우위성을 주장하고 있는데, 이런 관점은 요시카와신도라든가 스이카신도처럼 불교 대신 유교의 강력한 영향을 받은 에도시대의 유교 신도론에서도 유사한 구조로 나타난다. 그 결과 18세기 말에 이르면 지극히 배타적인 훗코신도가 등장하여 이후 근대 천황제에 이론적, 심정적인 기초를 제공하게 된다. 1868년에 메이지유신과 더불어 신도와 불교의 철저한 분리가 선언되고 실제로 불교에 대한 파괴적인 공격이 이루어지고 무모한 파쇼적 군국주의로 이어진 국가신도 체제가 탄생한 것도 이상과 같은 역사의 연장선상에서 일어난 일이다.

요컨대 일본의 신도는 불교라든가 유교와 같은 외래 사상(타자)의 수용에 지극히 민감하게 반응해 '자기'의 형성에 필요한 모든 자양분을 섭취한 후, 어떤 시점에 이르면 모든 '타자'를 제거하려는 경향을 내포하고 있었다. 일본의 식자들이 흔히 자랑처럼 내세우는 신도의 관용성과 유연성이란 이런 과정에서 나타나는 일시적이고 표층적인 현상처럼 보인다. 그럼에도 불구하고 자기와 이질적인 타자를 거리낌 없이 받아들여 공존시킬 줄 아는 태도는 분명 하나의 놀라운 능력임에 틀림없다. 그것은 동시에 변신의 능력이기도 하다.

이런 변신 능력은 일본인의 신 관념에서도 여실히 확인된다. 앞에서는 편의상 우리에게 익숙한 '신'이라는 용어를 사용했지만, 사실상 일본 신도의 신은 유교에서 말하는 신과는 다르고 기독교의 신(God) 개념과도 다르다. 일본인은 신을 '가미[神]'라고 부른다. 가미는 가미[上]와 동일한 의미라는 설이 가장 일반적이지만, 그 밖에도 가가미[鏡] 혹은 가쿠레미[隱身]의 약어라는 설, 우리말의 '곰[熊]'에서 유래했다는 설 등 가미의 어원에 대해서는 의견이 분분하다. 어쨌거나 가미의 특색은 다음 네 가지로 요약될 수 있다.

첫째, 신도의 가미는 인간과 질적으로 상이한 절대 타자로서의 창조신이 아니다. 신도에서는 가미와 인간 사이의 본질적인 차이를 인정하지 않기 때문이다. 따라서 인간이 사후 혹은 생전에 가미로서 숭배되고 제사 받는 사례가 적지 않다. 가령 교토의 도요쿠니신사에는 임진왜란을 야기한 도요토미 히데요시가, 닛코의 도쇼궁에는 에도막부를 연 도쿠가와 이에야스가, 도쿄의 메이지신궁에는 122대 메이지 천황이, 도쿄의 노기신사에는 메이지시대의 영웅 노기 마레스케 장군이, 도쿄의 야스쿠니신사에는 천황을 위해 싸우다 전사한 자들이 각각 가미로서 오늘날에도 제사를 받고 있다. 뿐만 아니라 국가신도 체제 하에서 천황은 살아있는 가미[現人神]로 숭배 받았으며, 금광교(金光教)나 천리교(天理教)의 교조 또한 살아 있는 동안에 가미[生神]로 모셔지기도 했다.

둘째, 신도에서는 추상적이거나 초월적인 신이 숭배된 적이 거의 없다. 가령 신도 신화의 맨 처음에 등장하는 지고신 아메노미나카누시노가미는 초월적이고 추상적인 성격을 지니고 있는데, 메이지유신 이전까지만 해도 이 가미를 제신으로 모시는 신사는 전혀 없었다. 왜냐하면 일본인은 인간에게 매우 친숙하고 현실적인 가미를 더 선호하기 때문이다. 그래서 그들은 신을 호칭할 때 마치 이웃집 아저씨를 대하듯이 '가미상'이라고 부르기를 좋아한다('~상'이라는 표현은 우리말의 '~님'에 해당하는 일상어이다).

셋째, 신도의 가미와 인간의 관계는 상호의존적인 기브 앤 테이크(give and take)의 관계에 가깝다. 즉, 인간은 가미를 숭경함으로써 가미의 영위를 높여주며, 그 대가로 가미는 인간을 지켜주고 복을 가져다준다고 여긴 것이다.

넷째, 신도에서 가장 일반적으로 신앙되는 가미는 조상신이다. 물론 그 밖에도 무수한 가미들이 있는데, 일본인들은 신사를 참배할 때 자기가 지금 예배드리는 대상이 어떤 가미인지 그 이름조차 모르는 경우가 태반이다. 중요한 것은 가미가 현실적으로 인간에게 어떤 복덕을 가져다주느냐 하는 데 있지, 그 가미의 이름이나 내용은 아무래도 상관없다고 여기기 때문이다. 그러니 가미의 이미지가 그때그때 상황에 따라 변한다 해도 전혀 이상한 일이 아니다. 가령 『고사기』에 나오는 가미는 조상신이었다. 그러다가 신도와 불교의 습합신도설에 등장하는 가미는 불보살의 화신(化身)이 되고, 신도와 유교의 습합신도설에서는 리(理) 혹은 태극이 되었다. 한편 신도와 국학이 만난 모토오리 노리나가(1730~1801, 일본 국학의 대성자)의 훗코신도에서 가미는 황실 및 국민의 조상신으로 간주되었으며, 신도와 기독교가 섞인 히라타 아츠타네(1776~1843, 후기 국학의 대표자)의 훗코신도에서 가미는 기독교의 신과 같은 창조주이자 최후 심판의 주재자가 된다. 나아가 국가신도의 가미는 황실 및 국민의 조상신이자 동시에 충신, 열사, 전사자들의 사령(死靈)으로 생각되기에 이른다.

이처럼 변신에 능한 신도의 정신에 의하면, 진리란 어디까지나 공동체의 현실 그 자체일 뿐이며 그 이상도 이하도 아니다. 거기에는 현실을 넘어선 어떤 추상적 이념이라든가 보편적 법칙 혹은 불변성이나 영원성이라는 관념이 뿌리내릴 여지가 별로 없다. 다만 지금 이곳만이 그 자체로 진리일 뿐이다. 그래서 신도는 죽음 이후의 세계에 대해서는 언급하지 않는다. 그 대신 신도는 '영원한 지금'을 즐겁고 감사한 마음으로 최선을 다해 살아가라고 말한다. 신도는 생(生)을, 그리고 불교는 사(死)를 담당해 왔다는 말은 바로 이런 의미이다.

오늘날 우리는 신사 하면 으레 식민지 시대에 강요받았던 신사 참배를 떠올리기 십상이다. 이는 역사의 교훈을 반추

하는 데에는 도움이 되지만, 일본을 하나의 타자, 즉 참된 나 자신의 모습을 비추어 줄 거울로서의 타자로 보는 데에는 장애물이 될 수도 있다. 일본의 신사는 앞에서 살펴본 대로 매우 다양하고 풍부한 빛깔을 지니고 있기 때문이다. 인간이 매번 거듭하는 실수 중의 하나는 바로 사물의 일면만을 보는 습관이리라. 그러나 새로운 시대의 새로운 인간관계를 창출하기 위해서는 그런 실수를 되풀이하지 않도록 언제나 입체적인 눈으로 세계를 보고자 노력해야 할 것이다. 우리 앞에는 때로는 숲 속 깊이 들어가 나무를 보고, 그리고 때로는 숲 바깥으로 나와 숲 전체를 조망하면서 숲 속의 신사뿐만 아니라 일본이라는 숲 모두를 보아야 할 과제가 놓여 있다.

신들의 네트워크

　일본인들은 통상 자신들이 종교를 가지고 있지 않다고 말하지만, 전국 하츠모우데(정초에 신사를 참배하는 관습)에는 매년 평균 8천만 명 이상이 참가한다고 한다. 이런 현상은 얼핏 모순인 듯이 보이지만, 일본인의 종교 관념이 우리와는 사뭇 다르다는 점을 이해하면 납득이 갈 것이다. 즉, 일본인의 종교 관념은 반드시 초월적이고 형이상학적인 신을 전제로 하지는 않으며 오히려 눈에 보이고 손으로 만질 수 있는 신을 더 선호하는 현세중심적이고 즉물적인 경향을 보여준다. 그래서 심지어 일본인의 종교 관념을 '신앙 없는 종교'라고 표현하기도 한다. 일본인의 종교를 고찰하고자 할 때 신사 문화에 대한 고찰이 무엇보다 먼저 요청되는 까닭이 바로 여기에 있다. 신은 눈에 보이지 않으나 신사는 가시적인 대상으로 존재하기 때문이다.

일본에는 발 닿는 곳마다 신사가 있다. 문화청 조사에 의하면, 2002년 12월 31일 현재 일본 신사의 숫자는 81,304개소(종교법인으로 등록된 것만)에 이른다. 그런데 신사의 숫자가 반드시 인구 밀도에 비례하는 것은 아니다. 예컨대 다른 현에 비해 특별히 인구 밀도가 높지도 않은 효고현(3,861개소)과 니가타현(4,791개소)에 신사 숫자가 가장 많다. 한편 홋카이도의 경우, 1970년 통계에서는 600여 개소에서 802개소로 신사의 수가 증가했다. 이는 개발이 진행되면서 새롭게 신사가 세워진다는 사실을 보여준다. 이 점은 일본의 신사 문화가 사회 변동에 따라 가변적인 것이며 결코 불변적인 것이 아님을 말해 준다. 그러나 더욱 주목할 만한 일본 신사 문화의 독특성은 전통적으로 전국에 걸쳐 동일한 신을 모시는 신사들 혹은 신들의 네트워크가 형성되어 있다는 점이다. 도표(1)에서처럼 본사(本社)가 있고 그 분령(分靈)을 모시는 독립적인 분사(分社)가 전국에 분포하는 현상이 지배적이다.

도표(1)에서 분사의 숫자를 전부 합하면 14만 개소에 육박하는데, 이는 각 신사의 보고에 따른 것이므로 실제 숫자보다 부풀려진 것으로 보인다. 하지만 이는 분사의 숫자일 뿐 신자의 수 혹은 신앙의 정도를 나타내는 것은 아니다. 어쨌거나 이중 가장 많은 수를 차지하는 신사는 하치만궁임을 알 수 있다. 일본 최초의 무사정권인 가마쿠라막부에 의해 가마쿠라의 츠루오카하치만궁이 무사의 수호신사가 된 이래, 하치만신이 전국 각지의 신사에 모셔져 널리 퍼지게 되었다. 하치만신은 나라 도다이지[東大寺]의 대불(大佛) 건립 시에 우사(宇佐)하치만궁으로부터 도다이지의 수호신으로서 모셔진 이래 일찍이 불교와 섞여 하치만대보살이라는 칭호로 불려져 왔다.

본 사	소 재 지	주제신(主祭神)	분사수
후시미이나리대사 [伏見稲荷大社]	교토[京都]	우카노미타마	32,000
이와시미즈하치만궁 [石清水八幡宮]	교토[京都]부 하치만[八幡]시	오진천황/ 진구황후	25,000
우사하치만궁 [宇佐八幡宮]	오이타[大分]현	오진천황/ 진구황후	15,600
이세신궁 [伊勢神宮]	미에[三重]현	아마테라스/ 도요우케	18,000
기타노텐만궁 [北野天満宮] 다자이후텐만궁 [太宰府天満宮]	교토[京都]후 쿠오카[福岡]현	스가와라노미치자네	11,000
무나가타[宗像]신사 이츠쿠시마[厳島]신사	후쿠오카[福岡]현 히로시마[廣島]현	무나가타 삼여신	8,500

스와대사[諏訪大社]	나가노[長野]현	다케미나카타/ 고토시로누시	5,000
히요시대사[日吉大社]	시가[滋賀]현	오오나무치/ 오오야마쿠이	3,800
구마노산잔[熊野三山]	와카야마[和歌山]현	게츠미코/ 구마노하야타마/ 구마노후스미	3,100
츠시마[津島]신사	아이치[愛知]현	스사노오/ 오오나무치	3,000
시라야마히메[白山比咩]신사	이시카와[石川]현	쿠쿠리히메	2,700
야사카[八坂]신사	교토[京都]	스사노오/ 구시이나다히메/ 야하시라노미코	2,600
스미요시대사[住吉大社]	오사카[大阪]	소코츠츠노오/ 나카츠츠노오/ 우와츠츠노오	2,100
가스가대사[春日大社]	교토[京都]	다케미카즈치/ 후츠누시/ 아메노코야네/ 히메가미	1,300
이즈모대사[出雲大社]	시마네[島根]현	오오쿠니누시	1,300
센겐[淺間]신사	시즈오카[靜岡]현	고노하나노사쿠야히메	1,300
마츠오대사[松尾大社]	교토[京都]	오오야마쿠이/ 나카츠시마히메	1,100
가시마신궁[鹿島神宮]	이바라키[茨城]현	다케미카즈치	900

아키하[秋葉]신사	시즈오카[靜岡]현	히노카구츠치	800
고토히라궁[金刀比羅宮]	가가와[香川]현	오오모노누시	700
가토리신궁[香取神宮]	치바[千葉]현	후츠누시	450

도표(1) 전국 신사의 주요 본사와 분사 수

이와 같은 하치만신사 못지않게 많은 것은 이나리신사로서 전체 신사 수의 약 4분의 1정도를 차지한다. 오늘날 일본인에게 가장 친숙한 신사가 바로 여우상과 붉은 도리이(鳥居, 'ㅠ'자 모양의 신사입구)가 상징인 이나리신사이다. 총본사인 교토의 후시미이나리대사와 함께 사가현 카시마시의 유토쿠이나신사 및 이바라키현 가사마시의 가사마이나리신사를 '일본 3대 이나리'라고 부른다. 827년에 '정일위 이나리다이묘진[正一位稻荷大明神]'이라는 존칭으로 불리면서 신들의 판테온에서 상위신으로 자리매겨진 이나리신사의 제신은 우카노미타마노카미[宇迦之御魂神, 倉稻魂神]인데, 이 신은 일체의 식물을 관장하는 식물신으로서, 특히 식물의 원조인 벼의 생산과 풍요를 수호하는 신으로 알려져 있다. 여기서 이나리는 '벼의 생장'을 뜻하는 말이다. 이나리신은 근세 이후 상공민의 신으로 널리 받아들여졌지만 그 기본은 도작(稻作) 농경민의 신, 즉 도작 문화의 신으로 흔히 일본인의 민족성에 딱 들어맞는 신으로 간주된다.

텐만궁[天滿宮]의 천신 신앙 또한 이나리 신앙 못지않게 서민들 사이에 널리 인기가 있으며 특히 어린 아이들에게 친근하다. 원령신이었다가 후에 학문과 문화의 신으로 알려진 천신(天神) 스가와라노미치자를 제신으로 하고 있으며 총본사는 교토의 기타노텐만궁과 큐슈의 다자이후텐만궁이다. 근세 이후 서민들의 교육열이 높아지면서 천신은 동요에도 나올 만큼 널리 퍼지게 되었다. 매년 입시철이 되면 합격을 기원하는 수험생들과 학부모들의 인파로 발 디딜 틈이 없을 정도로 오늘날 텐만궁신사는 인기가 많다.

한편 이세신, 즉 아마테라스[天照大神]는 일본 신가의 신들 가운데 최정점에 있는 신이다. 통상 태양의 여신으로 여겨지고 있는 아마테라스의 기원에 관해서는 여러 가지 설이 있는데, 8세기에 편찬된 『고사기』와 『일본서기』에서 이 여신이 천황가의 조상신으로 자리매김한 이래 중세를 지나면서 일반 민중 사이에 일본의 수호신으로 광범위한 숭경의 대상이 되었다. 그리하여 무로마치시대(1338~1573)에 이르면 모든 일본인들이 일생에 한번쯤은 아마테라스를 모신 이세신궁에 참배해야 한다는 이른바 이세 신앙이 국가적으로 형성된다. 그 후 이세신이 전국 각지에 모셔졌고 특히 근세에는 이세마이리(오카게마이리, 누케마이리)라 하여 이세신궁을 참배하는 열광적인 집단 순례가 약 60년을 주기로 유행처럼 번졌다. 많을 때는 5백여만 명에 이르렀다. 18세기 일본의 총인구가 대략 2천 5백만 정도였다는 점을 감안하면, 그리고 지금과 비교할 때 턱없이 불편했을 당시의 교통 상황 및 이동의 자유가 없었던 봉건 시대였음을 염두에 둔다면 이세마이리의 행렬이 얼마나 기이한 현상이었는지를 짐작하고도 남음이 있다. 이는 이세신궁이 일본인들에게 마음의 고향으로 자리 잡고 있기 때문에 가능한 일이었을 것이다

이상의 네 가지 신사 신앙, 즉 하치만 신앙, 이나리 신앙, 천신 신앙, 이세 신앙과 관련된 신사가 일본 전체 신사수의 3분의 2 이상을 점한다. 그밖에 일본 서민들의 폭넓은 신앙을 모은 대표적인 신으로 스와신, 구마노신, 스미요시신, 곤피라신, 센겐신 등을 들 수 있다. 스와 신앙은 본래 수신, 산신, 풍신으로서 가마쿠라시대(1192~1333)에 무사들의 존숭을 받아 전국으로 퍼졌으며, 7년에 한 번씩 거행하는 스와 대사의 온바시라 축제가 특히 유명하다. 한편 구마노 신앙의 경우는, 중세에 천황 및 천황의 부친인 상황이 자주 구마노(熊野, 현 와카야마현 남동부와 미에현 남부 산간 지역)를 참배했으며 '개미떼 같은 구마노 참배'라는 말까지 나올 만큼 서민들 사이에서도 크게 퍼졌다. 이에 비해 스미요시 신앙은 오

사카, 시모노세키, 후쿠오카, 나가사키의 스미요시대사가 대표적이다. 제신인 소코츠츠노오노미코토[底筒男命], 나카츠츠노오노미코토[中筒男命], 우와츠츠노오노미코토[表筒男命]의 이른바 츠츠노오 삼신은 설화적 존재인 진구(神功) 황후의 삼한정벌 시 공이 있다 하여 바다의 신, 어업의 신, 항해의 신으로 모셔졌다. 곤피라신 또한 바다의 신으로 에도시대에 서민들 사이에서 널리 인기가 있었다. 총본산은 가가와[香川]현 고토히라[琴平]정의 고토히라궁[金刀比羅宮]이고 제신은 오오모노누시[大物主神]이며, 특히 항해 종사자들에게 곤피라신은 거의 절대적으로 신앙되고 있다. 끝으로 센겐신의 총본사는 후지산 남쪽 산록에 있는 후지미야[富士宮]시의 센겐신사이다. 제신은 고노하나노사쿠야히메노미코토[木花之佐久夜毘賣命]이며 후지산(富士山)을 중심으로 분포되어 있는 여신 숭배가 특징이다.

일본의 신사 신앙은 이처럼 매우 다양하다. 하지만 그 실제 내용에서는 다분히 획일적인 동질성을 지니고 있다. 즉, 모든 신사 신앙에서 일본인들이 추구하는 것은 상매번창, 복덕개운, 학업성취, 합격필승, 기예상달, 남녀간 연분맺음, 부부화합, 자식점지, 안산(安産), 교통안전, 가내안전, 액땜, 무병식재 등, 지극히 현실적인 현세기복주의에 있기 때문이다. 이와 같은 공통적인 기반 위에서 대부분의 일본인들은 신앙을 의

식하든 안 하든 누구나 신들의 네트워크 안에서 살고 있다고 말할 수 있다.

잇힌 신들

도래계 신사

앞의 도표(1)에서 알 수 있듯이, 일본 신사 중 많은 분사(分社=末社)를 가진 신사들이 전체 신사수의 대부분을 차지하고 있다. 그런데 이 가운데 후시미이나리대사, 이와시미즈하치만궁, 우사하치만궁, 기타노텐만궁, 무나가타신사, 이츠쿠시마신사, 스와대사, 히요시대사, 구마노산잔신사, 츠시마신사, 시라야마히메[白山比咩]신사, 야사카[八坂]신사, 스미요시대사[住吉大社], 이즈모대사[出雲大社], 마츠오대사[松尾大社] 및 심지어 이세신궁[伊勢神宮] 등의 신사에서 모시는 제신들은 특히 고대적 성격을 강하게 드러낸다. 이 제신들이 도래계 씨족들과 일정한 관계를 가진다는 점은 흥미롭다. 일본 고대 사회와 국가의 형성, 고대 문화의 생성, 인적/물적 교류에 있어 한반도와 밀접하게 연관되어 있다는 것을 염두에 둔다면 이는 그리 새삼스러운 일은 아닐 것이다.

가령 『고사기』와 『일본서기』의 오진(應神)천황조 및 『신찬성씨록 新撰姓氏錄』 등에 관련 기사가 나오듯이, 후시미이나리대사의 제신은 도래계 씨족인 하타씨를 모시는 농업 생산의 신으로 조선 남부 가야(加羅, 韓)계 및 신라계 씨족과 관계가 있다. 우사하치만 및 860년에 우사하치만을 모신 이와시미즈하치만궁 등의 하치만신 또한 가야에서 온 신이다. 우사하치만의 제사자인 오오가씨와 가라시마씨 및 동경(銅鏡)을 봉납한 아카소메씨도 가야에서 온 도래 씨족이다. 우사지역은 원래 도래 씨족의 집단 거주지였다. 즉, 고대 말기에서 쇼와의 군국주의시대에 이르기까지 무신 혹은 군신의 상징으로서 절대적인 신앙의 대상이자 가장 일본적인 신 중의 하나로 여겨져 왔던 하치만신이 원래는 가야 도래계의 대장장이 신이자 농업 신이었던 것이다.

한편 기타노텐만궁의 제신인 스가와라노미치자네(845~903)의 조상은 나라(奈良)시 북서부에 해당하는 스가와라 지역을 본관으로 하는 하지씨인데, 이 하지씨는 신라계이다. 그런데

스가와라 지역에는 백제계 씨족도 많이 거주하고 있었다. 즉, 스가와라 지역을 포함한 나라분지 북부는 고치베씨, 오사씨, 야마토씨 등 백제계를 중심으로 한 조선 도래 씨족이 개척한 집단 거주지였다. 나라 도다이지 대불 건립을 총지휘했던 백제 도래계의 고승 교키(668~749)와 하지씨가 밀접한 관계를 맺고 있었다는 것을 볼 때에 하지씨 또한 백제계였을 것으로 추정된다. 한편 제50대 간무 천황(781~806년 재위)의 생모 다카노니이가사는 야마토씨이며, 다카노니이가사의 생모는 백제계 도래인 야마토씨 오토츠기의 아내였다. 요컨대 스가와라노미치자네는 도래인의 후예였다. 따라서 야마토씨가 제사를 집전한 히라노신사(백제왕이 제신)와 스가와라씨(하지씨)의 기타노텐만궁이 이웃하고 있는 것도 우연은 아닐 것이다.

이츠쿠시마신사와 무나가타신사의 제신은 '무나가타 삼여신'이라 불리는 이치키시마히메, 타기츠히메, 타고리히메인데, 이는 신라계로 추정되는 스사노오의 딸이다. 『일본서기』에는 스사노오가 소시모리에서 왔다든가 혹은 소시모리로 돌아갔다가 다시 왔다든가 하는 기사가 나오는데, 이때의 소시모리는 강원도 춘천 등지에 있는 우두산(牛頭山)을 가리키는 것으로 보인다. 실제로 야사카신사의 제신 스사노오는 고즈텐노와 동일시된다. 한편 소시모리를 일반명사로 본다면 왕성이 있는 곳, 즉 신라의 경주를 가리키는 것이 된다. 어쨌거나 야마토정권은 무나가타 삼여신을 신라와의 해로를 수호하는 수호신으로 제사지냈던 것이다. 고문서에는 한반도에 살던 직조기술자 집단이 5세기경에 무나가타 지방에 정주하여 이 삼여신과 밀접한 관계에 있었다는 기록이 나온다. 예컨대 이치키시마히메가 야마시로노쿠니 마츠자키히오에 천강(天降)하고 그것을 하타씨가 마츠오에 모신 것이 하타씨의 우지가미[氏神]를 모시는 마츠오대사의 기원이라는 것이다(『秦氏本系帳』). 이로 보건대 무나가타 삼여신은 가야와 신라 도래계의 제신이었을 가능성이 크다.

스와대사의 경우는 이즈모[出雲]계의 신 오오쿠니누시[大國主神]의 아들 다케미나카타[建御名方神]를 가미샤[上社]의 제신으로 하고 그 배우자신 및 다케미나카타의 형제신인 고토시로누시[事代主神]를 시모샤[下社] 제신으로 한다. 이때 스사노오와 오호나무치의 이즈모계 신들은 신라 도래계의 신으로 추정되므로 스와신 또한 신라계와 관계있는 신이라 할 수 있다. 다른 한편 다케미나카타의 모친이 고시의 누나카와히메[沼河比賣]라는 점과 니이가타현에 스와신사가 가장 많다는 점을 고려하건대, 고시로부터 시나노에 걸쳐 광범위하게 신라계 씨족과 고구려계 씨족의 연대 세력이 존재했으며 그들의 공동신이 바로 스와신이었다고 추측해볼 수도 있다.

또한 히요시대사의 경우는 제38대 덴지 천황(668~671년 재위)이 오호나무치를 모셔 제신으로 삼았다고 이야기되어 왔다. 그러나 원래는 마츠오대사와 마찬가지로 오오야마쿠이를 제신으로 삼은 하타씨의 우지가미를 모신 곳이 바로 히요시대사였다. 그러니까 히요시신과 마츠오신은 모두 가야계 내지 신라계라고 말할 수 있다. 이에 비해 시라야마히메신사의 주제신 쿠쿠리히메(여기서 쿠쿠리는 코쿠리, 즉 고구려를 의미한다)와 시라야마의 개창자인 승려 다이쵸(682~767)는 고구려계였다. 이때 시라[白]와 시라기(신라)를 동일시하는 입장에서 이를 신라 도래계로 보는 설도 있다.

야사카신사의 제신은 스사노오와 고즈텐노로서 전술했듯이 신라계인데, 고구려계의 야사카씨를 비롯하여 가야 및 신라계 하타씨의 공동신으로서 널리 퍼졌다. 구마노산잔의 경우, 구마노라는 지명의 어원 및 이즈모와의 밀접한 관계 등을 고려하건대 한반도 도래계일 것이다. 구마노란 '성스러운 들판'을 뜻하는데, 그 때 구마[熊]는 고대 한국어로 고마(곰)로서 신성한 존재를 나타내는 말이다. 백제의 옛 수도 공주는 지금도 고마나루[熊津]라고 불려지고 있다. 한편 츠시마신사의 제신은 스사노오와 오호나무치인데 둘 다 이즈모계이다. 이 신사는 일명 츠시마고즈텐노사[津島牛頭天王社]라고 칭해지므로 신라계일 가능성이 크다. 스미요시대사의 제신은 셋츠(攝津, 현 오사카부와 효고현 지역에 해당하는 옛 지명)의 개척과 건설을 담당한 신라 및 백제계 도래씨족들의 공동신으로서 해양신이다. 『연희식』의 명신대사(名神大社)로 되어 있는 5개소, 즉 이키, 츠시마, 치쿠젠, 나가토, 셋츠의 스미요시 신사는 한반도로 통하는 해로에 위치하고 있다. 스미요시신은 야마토정권에 의해 백제와의 해상 교통의 수호신으로 모셔진 아즈미씨의 와다츠미 삼신과 동일 계열의 신이거나 혹은 이름만 다른 동일한 신이다. 스미요시 제신 중의 하나인 진구[神功] 황후의 부친은 백제 도래계의 요사미씨[依羅氏] 및 신라 도래계의 쿠사카베씨를 조상으로 하는 '히코이마스'의 후예이며, 모친 오키나가씨는 신라 도래계인 아메노히보코의 후예이다. 진구황후가 모신 제신도 스미요시신이었다.

이즈모대사는 구니츠가미[國神]의 총사(總社)로서 일본 신들의 총본가(總本家)라 할 수 있는 중요한 신사이다. 이즈모대사의 주신 오호쿠니누시(大國主神, 일명 오호나무치)는 스사노오와의 밀접한 관련성 및 이즈모지역의 특성상 신라 도래계일 가능성이 매우 높다. 심지어 전 일본 신가의 지성소이자 가장 일본적인 신사로서 일본인들의 마음의 고향이라 일컬어지는 이세신궁의 아마테라스 조차 그 기원을 거슬러 올라가면 한반도와의 관련설을 만나게 된다. 예컨대 아마테라스는 히모로기(성목, 다카미무스비신)를 모시던 무녀가 신격화된 것이라는 설이 그것이다. 이때 다카미무스비의 출원지는 두 군데, 곧 쓰시마와 이즈모이므로 결국 아마테라스 또한 신라와 간접적으로 관계있는 신이라 할 수 있다.

이상에서 보건대 고대적 성격을 강하게 지닌 일본 신가의 대부분이 한반도에 기원을 둔 도래계 신을 모시고 있거나 혹은 한반도와 일정한 관련성을 가지고 있는 셈이다. 이 외에도 한반도와 밀접한 관계가 있는 신사는 수 없이 많다. 가령 시가현의 시라히게신사 및 오오요사미[大依羅]신사, 에히메현의 오오야마즈미[大山祇]신사, 사이타마현의 히카와[氷川]신사, 사가미의 사무카와[寒川]신사, 시가현 및 나라 등지의 효즈[兵主]신사, 유명한 미와산의 오오미와[大神]신사, 교토의 가미가모[上賀茂]신사와 시모가모[下賀茂]신사, 도쿄의 아사쿠사[淺草]신사, 노토의 케타[氣多]신사 등에서도 도래계 제신을 모시고 있다.

기억의 흔적

그런데 오늘날 한반도 도래계 제신의 대부분은 일본역사 속에서 거의 형체를 알 수 없을 정도로 변용되어 있다. 이를테면 '잊힌 신들' 혹은 '신들의 일본화'라 할 수 있겠다. 그럼에도 불구하고 아직까지 그 흔적까지 없는 것은 아니다. 가령 옛 지명이 그대로 남아 있는 신사, 도래씨족의 신사, 역사적 인물(도래인)을 제신으로 삼은 신사, 도래한 생산의 신을 모시는 신사 등에서 그 흔적을 찾아 볼 수 있다.

첫째, 옛 지명이 남아 있는 신사로는 사이타마현 히다카시의 고마[高麗]신사를 비롯하여 오오고마[大狛]신사, 고마[巨摩]신사, 고마[許麻]신사, 고오라[高良]신사, 다카쿠[高來]신사 등 고구려와 관계가 있는 신사라든가, 시라기[新羅, 白城, 白木]신사, 시라쿠니[白國]신사, 히라히코[白比古]신사 등 신라와 관계가 있는 신사, 그리고 쿠다라[百濟]신사라든가 구다나베[百濟部]신사처럼 백제와 관계가 있는 신사 및 기타 가라쿠니[韓國]신사, 가라[加羅]신사, 가라쿠니[辛國]신사, 가라시나[辛科]신사, 가라코[加羅古]신사, 아라[安羅]신사 등 가야와 관계있는 신사의 경우를 들 수 있다. 한편 가고시마의 고쿠부에는 이소타케루[五十猛]신사와 가라카미[韓神]신사 및 소호리신을 모시는 가라쿠니우즈미네[韓國宇豆峯]신사가 있는데, 그것이 다카치호[高千穗] 봉우리와 가라쿠니다케[韓國岳]와 이어지는 곳에 위치하고 있다는 것은 일본 건국신화와 한반도의 관계를 시사한다. 또한 가라카미시라기[韓神新羅]신사는 이소타케루신사와 함께 시마네현 오오다시에 있으며 주변에는 가라시마[韓島]라든가 쿠다라[百濟]라는 지명도 남아 있다. 그 밖에 가라쿠니이타테[韓國

伊太氏]신사의 제신은 신라 도래의 이소타케루이다.

　둘째, 1천 3백여 년 전부터 집중적으로 일본에 도래인들이 건너오기 시작했는데, 이들의 씨족 선조를 모신 신사가 아직 많이 남아 있다. 가령 쿠다라오오씨[百濟王氏]를 모시는 셋츠의 쿠다라오오[百濟王]신사를 비롯하여 사쿠라이 스쿠네를 모시는 사쿠라이[櫻井]신사, 다카무코 스구리를 모시는 다카무코[高向]신사, 와타오리 무라지를 모시는 와타오리[綿織]신사, 후나 후히토를 모시는 고쿠부[國分]신사, 미야케 무라지를 모시는 미야케[三宅]신사, 나가노 무라지를 모시는 나가노[長野]신사, 마사무네 이미키를 모시는 마사무네[當宗]신사, 아스카베 미야츠코를 모시는 아스카베[飛鳥戶]신사, 요사미 무라지를 모시는 오오요사미[大依羅]신사, 고노 오미를 모시는 고노[小野]신사, 다카미야 스구리를 모시는 다카미야[高宮]신사, 오오즈 후히토를 모시는 오오즈[大津]신사, 나가타 오미를 모시는 나가타[長田]신사, 하타 미야츠코를 모시는 하타[波多]신사, 이토이 미야츠코를 모시는 이토이[糸井]신사 등이 그것이다. 이런 신사들은 씨족명이 신사명이나 제신명으로 되었다가 다시 지명의 형태로 남아 있거나 혹은 생산 활동의 조상신으로 남아 있는 경우가 많다.

　셋째, 역사적 인물(도래인)을 제신으로 삼은 신사로는 하타노카와카츠와 하타노사케노키미를 모신 오오사케신사, 사카노우에타무라마로를 모신 다무라신사, 오오토모노구로누시를 모신 구로누시신사 등이 있다.

넷째, 도래한 생산의 신을 모신 신사들이 있는데, 거기에는 주로 제철, 직조, 주조, 축성, 거울, 양잠, 염색, 도자기 등 선진기술 문명과 관련된 신들이 모셔졌다. 가령 제철이나 제동(製銅) 등을 포함한 대장장이 신과 철광 신을 모시는 신사에는 가와라신사, 스가타신사, 스게신사, 이부키신사, 다카스신사, 가나야마히코신사, 가나산신사, 미조쿠이신사 등이 있다. 또한 방적이나 직조신과 관련된 신사로는 하토리신사, 구레하신사, 이케다신사, 고미야신사, 구레츠히코신사, 가무하토리신사, 오리하타신사, 나가하타베신사 등을 들 수 있다. 그 밖에 주조신을 모신 오오사케신사와 사카신사, 축성의 신을 모신 이와키신사, 거울제조의 신을 모신 가가미신사, 양잠의 신을 모신 고카이신사, 염색의 신을 모신 도코요기히메신사, 야키모노의 신을 모신 하지신사와 스에신사, 스베신사 등이 있다.

이처럼 명백히 한반도와 관련된 신사명, 제신명, 지명 등이 남아 있는가 하면 후대에 작위적으로 이름이 바뀐 신사도 적지 않다. 가령 나라시에 있는 가라쿠니[漢國]신사는 가라카미[韓神]가 가라[漢]로 바뀌고 소노카미[園神]가 쿠니[國]로 바뀐 것이며, 오오즈시에 있는 가라사키[唐崎]신사는 가라사키[韓崎, 辛崎]가 바뀐 것이다. 이는 한반도 도래계임이 드러나는 것을 기피하고자 이를 마치 중국에서 도래한 것인 양 한자 표기를 바꾼 것에 불과하다. 한편 일본식 지명으로 바꿈으로써 도래계라는 사실을 알 수 없게 한 신사도 매우 많다. 가령 츠쿠시신사, 후지노모리신사, 나무라신사 등이 그 것이다. 이밖에 요시노쵸 서쪽의 오오요도쵸에 있는 가부토 신사에는 백제의 성왕이 모셔져 있으며, 교토 히라노신사의 제신도 백제왕이다. 헤이안시대에 불교의 수호신으로서 모셔 진 한반도 도래계 신들도 좀 있다. 가령 천태종 엔랴쿠지[延曆寺]의 수호신 아카야마묘진이라든가 천태종 온죠[園城寺]의 수호신 시라기묘진 등의 사례를 들 수 있다.

그러나 이와 같은 도래계 신들은 오늘날 대부분의 일본인 들에게 잊힌 신들일 뿐이다. 아니 '잊고 싶은 신들'이라고 하는 편이 더 적절할 지도 모르겠다. 일본인들은 도래계 신들을 망각하는 대신 그 자리에 철저히 일본화된 신들을 채워 넣고 다른 한편 끊임없이 새로운 신들을 만들어 왔다.

만들어진 신들

메이지유신의 종교적 의의는 일본 종교 체계의 전면적인 재편성이라는 점에서 찾아볼 수 있다. 종교 체계의 재편은 불교나 민속신앙의 경우는 말할 것도 없고 무엇보다 신사의 경우에 가장 두드러지게 나타난다. 메이지유신 이후에 세워진 새로운 신사들에서도 이 점을 확인할 수 있다. 예컨대 켄무 중흥(1334년 제96대 고다이고 천황 때에 행해진 천황 통치의 부활)에 관련된 천황과 황족 및 공신을 모신 신사라든가, 다른 지방에 옮겨져 있던 천황과 상황 등을 모신 신사, 남북조시대의 남조측 충신을 제사지내는 구스노키사, 혹은 페리 내항 이후 나라를 위해 싸우다 죽은 자들을 모시는 신사, 가시하라신궁 헤이안신궁, 메이지신궁, 가마쿠라궁 등 천황과 황족 및 그 조상신을 모신 신사 등이 그것이다. 그 밖에 개항장이나 개척지에 아마테라스를 모신 신사 혹은 전국시대의 무장인 오다 노부나가를 모신 교토의 다케이사오신사, 도요토미 히데요시를 모신 교토의 도요쿠니신사, 모리 모토나리, 우에스기 겐신, 가토 기요마사 등의 무장을 모신 신사, 국학자 및 에도 후기의 근왕지사를 모신 신사 등도 새롭게 창건되었다. 1868년 8월 교토에 창건된 시라미네궁에는 사누키에 유배당해 죽은 스토쿠 상황과 1873년에 아와지로 유배당한 준닌 천황을 함께 모셨다. 아울러 1873년 셋츠노쿠니에는 죠큐의 난(1221년에 가마쿠라 막부 타도를 위해 고토바 상황이 일으킨 난) 때 유배당한 고토바(後鳥羽) 상황, 츠치미카도(土御門) 상황, 준토쿠 상황을 모신 미나세신사가 창건되었다. 이 외에도 천황의 이름으로 전쟁에서 전사한 전몰자들을 제사지내는 야스쿠니신사, 초혼사, 호국신사 등이 있는가 하면, 조선신궁, 대만신궁, 건국신묘, 소남신사 등 식민지 및 점령지 등에 세운 신사도 있다.

야스쿠니신사

이와 같이 다양한 흐름을 가지는 근대의 창건 신사 중에서 무엇보다 야스쿠니신사와 구스노키사에 주목하지 않을 수 없다. 먼저 야스쿠니[靖國]신사에 대해 살펴보자. 현재 야스쿠니신사는 일본 동경 시내 중심부의 치요다구 구단(九段)에 위치하고 있다. 1869년 건립 당시에는 동경초혼사(東京招魂社)라 불렸으며 1879년에 야스쿠니신사로 개칭되어 오늘에 이르고 있다. 잠시 이 신사의 풍경을 구경해 보자. 구단시타 지하철역에서 도보로 3분 정도 거리에 있는 야스쿠니신사의 첫 번째 도리이를 지나면 앞에 커다란 동상이 하나 서 있다. 메이지 육해군 창설의 최대 공훈자인 오무라 마스지로(1824~1869)를 기념하기 위해 1892년에 동경 최초로 세워진 이 동상은 지금까지도 야스쿠니신사의 명물 중 하나로 유명하다. 그런데 야스쿠니신사 경내에는 다른 신사에서는 찾아보기 어려운 특이한 시설이 하나 있다. 경내 오른쪽에 있는 유슈칸(야스쿠니회관 혹은 보물유품관)이 그것이다. 1882년에 건립된 유슈칸은 일본에 있는 유일한 군사, 전쟁 박물관이자 일본 최대의 도검 진열장이다. 여기에는 야스쿠니신사에 봉납된 각종 보물들을 비롯하여, 과거 메이지 천황군이 막부군에게 탈취한 전리품, 동경초혼사 관계 자료, 고대에서 근대에 이르기까지의 각종 도검 총포류, 기타 전쟁 관련 유품 5만 5천여 점이 소장되어 있다. 이 중 자살 병기들을 진열한 코너가 특히 눈에 뜨인다. 태평양 전쟁 말기에 일본이 사용했던 인간 어뢰, 잠수부가 직접 가지고 뛰어들었다는 수뢰, 악명 높은 가미카제 비행기, 핏자국이 선연하게 남아 있는 마후라 등이 그것인데, 옆의 비문에는 6천여 명이 이런 자살 병기와 함께 장렬하게 순국했다는 내용이 적혀 있다.

오무라 마스지로의 동상과 유슈칸의 존재만으로도 우리는 야스쿠니신사가 다른 신사들과는 근본적으로 성격이 다르다는 사실을 알아챌 수 있을 것이다. 역사적으로 일본 군국주의 및 천황제 국가신도 체제와 불가분의 밀접한 관계를 가지고 있는 야스쿠니신사에는 현재 막말이래 무진내전(1868년 발발), 서남내전(1877년 발발), 청일전쟁(1894년 발발), 러일전쟁(1904년 발발), 만주사변(1931년 발발), 중일전쟁(1937년 발발), 태평양전쟁(1941년 발발) 등에서 죽은 군인과 군속 등 245만여 명이 제신으로 모셔져 있다. 이와 같은 야스쿠니신사의 특수한 성격은 패전 후 현대 일본 사회 및 아시아 제국에서 여전히 정치적인 문제를 야기하고 있다.

야스쿠니신사의 전신은 동경초혼사인데, 그 동경초혼사는 막말유신기에 각지에 산재해 있던 초혼사(1936년에 호국신사로 개칭됨)의 센터였다. 그런데 이 동경초혼사의 성립은 당시의 정치적 상황과 밀접하게 맞물려 있다. 1853년, 미 페리제독의 내항으로부터 시작된 서구 열강의 위협 및 막부를 옹호하는 개항파와 막부 타도를 외치는 존왕양이파 사이의 유혈 정쟁으로 어지러웠던 에도시대 말기에 '초혼'이라는 새로운 관념이 민중들 사이에 널리 퍼지게 된다. 여기서 '초혼'이란 죽은 자의 영을 하늘에서 지상으로 불러내어 위로하는 것을 뜻하는 말이다. 초혼 혹은 위령 관념의 형성은 중세에 생겨난 '원령 신앙'이나 막말기의 정치 상황과 복잡하게 얽혀 있다.

구스노키사

그런데 초혼 관념의 발생을 민간 신앙의 차원에서 거슬러 올라가다 보면 구스노키 마사시게(?~1336) 숭배에까지 이르는 것을 볼 수 있다. 구스노키 마사시게는 가마쿠라시대 말기의 무장으로 남북조 동란기에 남조의 고다이고 천황을 위해 끝까지 충성을 바친 인물로 전설화되어 민간에 널리 유포되었다. 에도시대에 들어와 구스노키 마사시게 이야기는 충신의 미담으로 민중들 사이에서 큰 인기를 얻게 되었으며, 이윽고 미토가쿠[水戶學], 안사이학파, 양이파 지사들의 숭배 대상이 되어 존왕 사상 고취에 큰 역할을 하게 된다. 그리하여 1871년에서 다음 해에 걸쳐 구스노키 마사시게가 순국한 효고현에 구스노키사[楠社]가 창건되었다. 현재의 미나코가와신사가 그것이다. 이 구스노키사가 메이지 유신 이듬해인 1869년, 동경초혼사의 건립으로 이어졌으며, 그 후 교토초혼사(1870년)를 비롯하여 전국 각지에 48개소에 이르는 초혼사들이 세워지게 된 것이다. 이들 초혼사에서 거행된 초혼제는 공적인 경우에는 주로 신도식으로 거행되었지만, 민간 차원이나 사적인 경우에는 신불습합적인 의식으로 거행되었다. 어쨌거나 야스쿠니신사로 대표되는 초혼사의 창건 및 거기서 행해진 신도식 위령제는 일본인의 종교 체계 전체를 신도로 기울게 한 중요한 의의를 가진다.

히로세신사

이 밖에 메이지유신 이후에 생겨나 일정한 정치적 역할을 수행한 신사도 많다. 그 극단적인 형태가 군신(軍神)을 모신 신사이다. 그렇다면 군신으로 추앙된 경우로는 어떤 것이 있었을까? 첫째, 전투에 참가하여 눈부신 활약을 하고 비극적으로 전사했을 때 그를 군신으로 모신 경우가 있다. 해군 군인 히로세 다케오(1868~1904)가 대표적인 사례라 할 수 있다. 히로세 다케오는 러일전쟁 때 죽어 군신이 되었다. 그의 죽음을 전하는 신문이 먼저 '군신'을 언급했으며 이어 히로세를 모델로 한 군가까지 만들어졌다. 또한 당시에 대형 출판사였던 하쿠분칸[博文館]은 전시 중에 「러일전쟁실기」를 매주 간행하여 전쟁 열기를 부추겼는데, 거기서 히로세 사후 한

달 뒤 '군신 히로세 중좌'라는 타이틀로 임시 증간호가 출간되기도 했다. 이후 '히로세 중좌의 노래'가 오랫동안 교과서에 실리게 되었으며, 히로세를 다룬 전기들에서도 거의 '군신'이라는 타이틀을 붙였다. 이와 같은 움직임은 다이쇼기에 잠시 수그러들었다가 쇼와[昭和]기에 다시금 군신의 이미지가 부각되어 나타난다. 이때 군국주의의 상징적 이미지가 강조되었음은 말할 것도 없다. 이리하여 1935년에는 마침내 그의 고향인 오이타현 다케다에 히로세신사가 창설되기에 이른다. 이처럼 군신을 모시는 신사가 지방에 세워졌다는 것은 준전시 체제에 들어간 당시 정부와 군부의 민중동원 정책의 일환으로 다분히 의도된 것임을 말해 준다.

토고신사

둘째, 전투에서 탁월한 지휘력을 발휘하여 대승리를 이끈 지휘관이 그 전승의 상징이 되어 군신이 되는 경우도 있다. 이 경우는 전형적인 무사의 이미지가 강조되는데, 토고 헤이하치로(1848~1934)와 노기 마레스케(1849~1912)가 대표적인 경우이다. 먼저 토고 헤이하치로에 대해 생각해 보자. 러일전쟁 해전의 영웅인 그는 죽자마자 군신이 되어 해군성(海軍省)의 주도하에 토고신사에 모셔졌다. 사실 그는 생전부터 이미

군신의 이미지를 가지고 있었다. 예컨대 1905년 5월 당대 최강의 러시아 함대와 맞붙은 동해 해전에서의 극적인 승리(토고는 이때 한산대첩에서 이순신 장군이 펼친 학익진 전술을 응용했다. 토고는 이 빛나는 승리 이후 자신을 넬슨 제독과 비교할 수는 있을지언정 이순신과는 비교될 수 없다고 겸손하게 고백하기도 했다. 사실 그는 이순신 장군을 자신의 스승으로 삼고 있었기 때문이다) 이후에 동경으로 향하는 토고를 맞이하는 군중들 가운데에는 '토고다이묘진[東鄕大明神]을 맞이하여'라고 씌어진 깃발을 내걸거나 합장하여 절하는 사람들도 있었다. 그가 죽은 1934년 5월 30일에 「도쿄아사히 東京朝日」신문 석간에는 "고 원사의 덕을 추모하여 토고신사를 전국적으로 건설할 것을 추진 중"이라는 표제 하에 "토고원사 서거 후 전국에서는 명장을 잃은 슬픔에 잠겨 있다. 원사를 국민의 군신으로 모시자는 뜻이 각 방면에서 일어나고 있다"고 적고 있다. 마침내 1935년에 내무장관이 토고신사 창설안을 발표했고 토고를 '호국의 신으로 삼아 일본정신의 흥륭에 기여하고자' 한다는 취지를 언급했다. 이리하여 1940년 현재의 도쿄 하라쥬쿠 지역에 1만2천 평에 달하는 토고[東鄕]신사가 생겨난 것이다.

노기신사

토고의 경우는 당초에 승리의 전망이 전혀 보이지 않았던 러일전쟁에서 승리를 거두어 일본을 구한 영웅인데 비해 노기 마레스케에게는 그런 영웅적 요소가 없다. 게다가 노기신사에는 부부가 함께 모셔져 있다는 점에서도 토고신사와는 다소 성격을 달리 한다. 노기는 군인으로서는 낮은 평가를 받았는데, 메이지 천황이 죽자 부부가 함께 순사했다. 부부의 순사(殉死)는 사람들을 놀라게 했고, 충의를 슬로건으로 삼을 필요가 있었던 당시 일본 지배층과 군부는 그를 군신으로 조작했다. 이리하여 그는 천황에 대한 충성을 순사의 형태로 실천한 군신이 된 것이다. 그의 순사에 충격을 받은 모리 오가이는 소설『오키츠야고에몬노이쇼 興津彌五右衛門の遺書』를 썼고 아쿠타가와 류노스케는『쇼군 將軍』을 발표했다. 이와 아울러 1923년에는 도쿄 아카사카의 노기 저택 장소에 노기[乃木]신사가 세워지게 되었다. 이리하여 그는 메이지 정신의 구현자라는 이미지를 가지게 된다. 현재 노기신사 부근은 '노기자카'라 불리고 있으며, 경내에는 죠슈(長州, 현재 야마구치현 북서부에 해당하는 옛 지명) 번사(藩士)였던 다마키분노신(1810~1876)과 요시다 쇼인(1830~1859)을 모신 세이쇼신사도 있다.

요컨대 야스쿠니신사, 구스노키사, 히로세신사, 토고신사, 노기신사 등 근대기에 들어와 새롭게 창건된 수많은 신사들은 모두 새로운 신을 모시고 있다. 그리고 지금도 신들은 계속해서 새롭게 만들어지고 있다. 과연 일본인은 신이 인간을 만들었다기보다는 인간이 신을 만들어내는 그런 종교의 세계 안에서 살고 있는 듯싶다.

신들의 고향, 이즈모대사

이즈모 풍토기와 국토 유인 신화

시마네현 이즈모[出雲] 지방의 지세, 풍토, 전설, 산물 및 신사(神社) 등에 관해 기술한 지방지로서 733년에 완성된 『이즈모 풍토기』의 맨 처음 오우군(意宇郡) 항목에는 이런 신화가 나온다. 야츠카미즈오미츠노노미코토[八束水臣津野命]라는 신이 시마네 반도 곶에 서서 "구름이 많이 일어나는 이즈모는 작고 어린 미완성의 나라로다. 그렇다면 어망줄로 꿰매 붙이면 어떨까?"라고 생각했다. 이리하여 신라의 곶을 바라보면서 여분의 땅이 있는지를 살펴보니 과연 그러했다. 그는 처녀의 젖가슴처럼 풍성하고 널찍한 쟁기로 큰 물고기의 아가미를 찌르듯이 신라 땅에 꽂았다. 그리고는 바람에 휘어진 억새풀 이삭을 잘라내어 굵은 어망줄을 만들어서 "슬금슬금 나라여 오라, 나라여 오라"고 외치면서 끌어 잡아당겼다. 이렇게 해서 이즈모에 가져다 붙인 것이 현재의 히노미사키라는 것이다. 이때 꿰어 붙인 땅을 고정시키기 위해 세운 말뚝이 현재의 산베산이며, 이때 사용한 어망줄은 현재의 나가하마해안에 해당된다고 한다. 이것이 바로 『이즈모 풍토기』의 국토 유인 신화이다. 이처럼 다른 나라의 땅을 끌어당겨온다는 발상은 『연희식 延喜式』이라든가 『만엽집 万葉集』 등에도 나오는데, 다른 곳에서는 찾아보기 어려운 매우 독특한 신화라 아니 할 수 없다. 신라의 땅을 끌어 붙였다는 이야기는 아마도 신라의 문화적 빛을 받아들여 자기 성숙을 이루었다는 것을 암시하는 표현일지도 모른다.

국토 이양 신화와 화(和)의 원리

이즈모대사[出雲大社]에서 1km 정도 떨어져 있는 이나사노하마 해안은 국토 유인 신화의 무대이자 『고사기』와 『일본서기』의 신화(이하 기기신화)에 등장하는 국토 이양 신화의 주무대로서도 유명하다.

여러 상이한 이야기들을 포함하고 있는 기기신화를 종합적으로 추론해 보자면, 스사노오는 아마테라스와의 갈등 끝에 천신들의 거주지인 다카마가하라에서 추방당한 뒤 신라의 소시모리라는 곳으로 건너간다. 거기서 아들 이타케루와 함께 잠시 거주한 후 다시 바다를 건너 이즈모의 히노가와(현재의 斐伊川) 상류로 들어갔다. 이어 스사노오는 근처의 도리카미다케(현재의 船通山)에서 괴물 야마타노오로치[八岐大蛇]를 죽이고 쿠시나다히메[櫛名田比賣]를 구출하여 아내로 삼는다. 스사노오의 아들(혹은 6대손)인 오호쿠니누시(大國主神=오호나무치)는 젊을 때에 형들에 의해 박해를 받고 몇 번이나 죽임을 당했지만 다시 부활하여 스사노오가 지배하는 황천세계인 네노쿠니[根の國]로 피신한다. 그러나 거기서도 스사노오에 의해 많은 시련을 겪다가 우여곡절 끝에 아시하라노나카츠구니, 즉 이즈모 지방으로 돌아가 나라를 창건한다.

그런데 천상계인 다카마가하라의 지배자인 아마테라스가 지상의 아시하라노나카츠구니를 탐낸 결과 사자를 파견하여 여러 차례 국토를 헌상하라고 압박을 가하지만 번번이 실패한다. 그러다가 마침내 다케미카즈치노오를 이자사노오바마(현재의 이나사노하마)에 파견하여 오호쿠니누시를 설득하는 데에 성공한다. 그리하여 오호쿠니누시는 국토를 이양하고 스스로 저승세계로 숨어 버렸으며, 아마테라스의 손자인 니니기노미코토가 지방에 내려와 일본 땅을 지배하는 통치자가 된다. 이것이 바로 기기신화의 하이라이트라 할 수 있는 천손 강림 신화이다. 그리고 신화적인 초대 진무 천황은 바로 이 니니기의 자손이라는 것이다.

여기서 엿볼 수 있는 국토 이양 신화의 풍경은 무엇보다 일본인들의 중요한 정신적 원리 가운데 하나인 화(和) 사상을 떠올리게 한다. 7세기에 쇼토쿠[聖德] 태자가 제정한 『17조 헌법』제1조는 이렇게 시작된다 "화(和)를 소중히 하라. 상하가 화목하여 일을 논의하면 이치와 통하게 될 것이며 그러면 무슨 일이든 안 되는 일이 없을 것이다." 그러니까 국토 이양 신화는 말하자면 무혈 쿠데타 이야기에 다름 아니다. 크게 보자면 메이지 유신 또한 무혈 쿠데타였다고 할 수 있다. 도쿠가와 막부의 권력 이양은 어딘가 모르게 오호쿠니누시의 국토이양과 흡사하다. 요컨대 국토 이양 신화는 메이지 유신의 모델이었던 셈이다. 오호쿠니누시의 신화뿐만 아니라 메이지 유신과 같은 엄청난 역사적 사건에서도 우리는 내부적인 갈등 요인을 최소한도로 만들면서 가능한 한 투쟁과 싸움을 피하고 질서와 안정 및 내적 결속과 조화를 이루고자 하는 일본적 화의 원리를 엿볼 수 있다. 사실 화의 원리는 근현대 일본의 역대 내각들이 금과옥조처럼 내세웠던 정치적 원리이기도 하다. 그러고 보니 중세 이래 천황가와 장군가가 공존해 왔던 것도, 신도와 불교가 1천여 년 가까이 일반인들에게 구별되지 않을 정도로 뒤섞여 버렸던 이른바 신불습합이라는 독특한 현상도 이 화의 원리와 무관하지 않은 듯이 보인다. 그러나 그것이 지나치게 울타리 내부의 화(和)에만 고착될 경우, 종종 폭발하듯이 타자를 부정하거나 또는 노벨문학상을 수상한 오에 겐자부로의 말대로 '애매모호한 일본인'을 양산하는 결과로 나타나는 것은 아닐지.

신들의 고향, 이즈모대사

국토를 이양할 때 오호쿠니누시는 한 가지 조건을 내세웠다. 『고사기』에 의하면 이때 오호쿠니누시는 이렇게 말했다고 한다. "아시하라노나카츠쿠니는 천손의 명령대로 모두 바치겠습니다. 그런데 다만 내가 거주할 곳만은 천손이 천황의 지위를 계속 이어가는 훌륭한 궁전처럼 땅 속의 반석에다 두텁고 큰 기둥을 세우고 다카마가하라를 향해 치기(千木, 신사 지붕 위의 양끝에 X자형으로 교차시킨 기다란 목재)를 높이 세운 신전을 만들어 준다면, 나는 멀고 먼 구석진 곳에 숨어 있겠습니다." 즉, 어디에 내놓아도 부끄럽지 않을 만큼 웅장한 신사를 세워 자신을 제사지내게 해 달라는 것이었다. 이런 조건을 수용한 아마테라스는 거대한 신사를 건립하여 아들 아메노호히노미코토로 하여금 제사장을 맡아 봉사하도록 했다.

이것이 이즈모대사 본전의 유래이다. 그 후 오늘날에 이르기까지 이즈모대사의 제사장은 아메노호히노미코토의 후손들이 대대로 세습하여 맡도록 되어 있다. 이 가문을 이즈모고쿠소[出雲國造]라 한다. 다시 말해 이즈모고쿠소는 이즈모대사의 제사를 관장하는 총책임자로서, 고대에는 이즈모 지방의 대표적인 호족이었고 남북조 시대에 와서 센게와 기타시마의 두 가문으로 갈라져 오늘에 이르고 있다. 현재 이즈모대사의 양 옆에는 이 두 가문의 본부가 있으며 이즈모대사의 제사는 이 중 센게 가문에서 담당하고 있다.

이즈모대사의 경내는 약 16만 평방미터로써 주신을 모신 본전(本殿)을 중심으로 일반인들이 참배하는 배전(拜殿) 및 본전 양쪽에 있는 동서19사(東西十九社)와 보물전인 신호전(神祜殿)을 비롯하여 8개의 섭사(攝社, 경내 및 경외에 본사와 특별히 연고가 깊은 신을 모신 신사)와 3개의 말사(末社, 섭사에 모시지 않은 연고신을 모신 부속 신사) 등으로 구성되어 있다. 이 가운데 본전은 다이샤즈쿠리라는 건축 양식으로 유명하다. 이 건축 양식은 이세신궁의 신메이즈쿠리와 더불어 일본 신가의 건축 양식 중에서 가장 오래된 형식에 속한다. 이즈모대사의 본전 내부에는 중앙에 신노미하시라[心御柱]라는 큰 기둥이 있고 그 주위로 8개의 기둥이 세워져 있다. 고대에는 이 기둥

오호쿠니누시를 제신으로 모시고 있는 이즈모대사 본전 정경.

의 높이가 48m에 이르는 거대한 건축물이었다고 하는데, 현재의 건물은 1744년에 수리한 것으로 높이는 24m에 이른다. 이 본전에 모시는 신은 이즈모대사의 주신 오오쿠니누시, 즉 오호나무치이다. 일반인들은 본전에 들어가지 못한다. 본전 앞에 있는 배전은 두께 3m, 길이 8m, 무게 1500kg이나 되는 거대한 시메나와가 인상적이다. 본전 뒤쪽에 보이는 산은 야쿠모야마[八雲山]로서 신직들도 들어갈 수 없는 성지라고 한다.

연간 약 2백만 명의 참배객으로 성황을 이루는 이즈모대사를 처음 방문한 아일랜드인 라프카디오 한(Patrick Lafcadio Hearn, 1850~1904)은 "이즈모는 참으로 신들의 땅"이라고 감

탄해 마지않았다. 일본의 신화와 민담을 체계적으로 정리하여 세계에 알린 귀화인으로 일본식 이름을 고이즈미 야쿠모라고 지은 라프카디오 한이 이런 탄성을 내지른 데에는 나름대로 이유가 있다. 일본에서는 고래로 음력 10월을 신들이 출타중인 달이라 하여 간나즈키[神無月]라고 부른다. 그러고 보니 에도시대의 유명한 풍속작가인 이하라 사이카쿠(1642~1993)의 『호색일대남 好色一代男』이라는 걸쭉한 소설이 생각난다. 거기에는 간나즈키 때에 주인공이 신사의 미코를 유혹하는 장면이 해학적으로 묘사되어 나온다. 신이 외출중이니까 괜찮다는 거다. 그렇다면 이때 신들은 어디로 간 것일까? 일본인들은 이 기간 중에 전국의 8백만 신들이 이즈모에 모여 신들의 회의를 연다고 여겼다. 그래서 이 시기에 이즈모대사에서는 간아리사이[神在祭]라는 마츠리를 거행한다. 이 기간 중에 이즈모 주민들은 결혼, 건축, 토목공사, 재봉, 이발은 물론이고 심지어 노래를 부르거나 손톱 깎는 것까지 삼가며 근신한다. 그래서 간아리사이를 오이미마츠리(御忌祭, 근신하는 축제를 뜻함)라고도 한다. 이즈모대사의 간아리사이는 음력 10월 11일부터 17일까지 7일간 거행한다. 이때 음력 10월 10일 밤에는 신들을 영접하는 의식이 이나사노하마에서 거행된다. 이렇게 이나사노하마를 통해 상륙한 신들이 이즈모대사에서 회의를 한 후 동서19사에 숙박한다는 것이다. 신들의 숙소인 동서19사는 본전의 동서 양쪽에 있는 길다란 건축물로서 각각의 건물마다 19개의 문짝이 달려있다 해서 19사라는 이름이 붙었다. 어쨌거나 일본 전국의 신들이 매년 음력 10월이 되면 어김없이 신들의 땅인 이즈모로 모여든다는 의미에서 이즈모는 신들의 고향인 셈이다. 그리고 이 8백만 신들을 영접하는 호스트격의 신이 이즈모대사의 주신인 오호쿠니누시이다.

오호쿠니누시: 연분을 맺어주는 사랑의 신

『고사기』는 오호쿠니누시에 대해 흥미로운 기사를 전하고 있다. 이나바(현재 돗토리현의 동부 지방)의 흰토끼 이야기가 그것이다. 오호나무치(오호쿠니누시의 원래 이름)에게는 야소카미(八十神, 많은 신들을 뜻하는 말)라고 불리는 형들이 있었는데 어느 날 형들이 이나바의 야카미히메에게 청혼하기 위해 떠나면서 막내인 오호나무치를 짐꾼으로 데리고 갔다. 도중에 이들은 상어에 의해 살가죽이 몽땅 벗겨진 토끼를 만난다. 토끼가 도움을 청하자 형들은 심술궂게 바닷물로 몸을 씻으라고 일러 주었다. 그렇게 하자 토끼의 고통은 더욱 심해졌다. 이에 비해 오호나무치는 강물에 몸을 씻은 후에 꽃가루 위에 뒹굴라고 처방해 주었다. 그 말대로 하자 토끼는 원래의 깨끗한 상태로 회복할 수 있었다. 이에 대한 보답으로 토끼는 형들 대신 오호나무치가 야카미히메를 아내로 삼게 될 거라고 예언해 주었다. 실제로 야카미히메는 형들의 청혼을 물리치고 오호나무치에게 시집가겠다고 고집을 부렸다. 이에 화가 난 형들이 두 번이나 오호나무치를 죽이고 만다. 하지만 오호나무치는 어머니 미오야와 가미무스비의 도움으로 되살아난다. 그러나 계속되는 형들의 집요한 추적을 견디다 못한 오호나무치는 마침내 스사노오가 통치하는 지하세계(根國)로 도피한다. 거기서 오호나무치는 스사노오의 딸 스세리비메와 몰래 정을 통한다. 이를 눈치 챈 스사노오는 오호나무치를 죽이려 들지만 오호나무치는 매번 스세리비메의 도움으로 죽을 고비를 넘기고 결국에는 스사노오에게서 주술적인 칼과 활, 거문고를 훔쳐내어 스세리비메와 함께 지하세계를 도망쳐 나온다. 이에 스사노오는 하는 수 없이 둘의 결혼을 인정하고 나아가 오호나무치에게 오호쿠니누시라는 새로운 이름을 지어 주면서 지상의 통치권을 부여한다. 이후 오호쿠니누시가 천손 호노니니기에게 국토를 이양하는 이야기는 앞에서 언급한 대로이다.

　에도시대 이래 일본인들은 오호쿠니누시를 남녀 간의 사랑과 정분을 맺어주는 신으로 모셔왔다. 그리하여 오늘날 이즈모대사는 무엇보다도 남녀 간의 애정과 인연에 효험이 있는 신사로서 수많은 일본인들에게 기억되고 있다. 일본에서는 고래로 남녀의 결합과 인연을 불가사의하고 현묘한 것으로 생각하였으며 신불의 뜻에 의해서만 이루어지는 것이라고 여겼다. 불교가 전래된 이후에 부부의 결합을 전생의 숙연으로 보는 관념이 널리 퍼졌으며, 아울러 신사 의례에 있어 신관이 남녀의 이름이 각각 적혀 있는 종이를 서로 합쳐 인연을 점치거나, 짝사랑하는 이성의 이름을 종이에 적어 신사 경내의 신목(神木)에 매어 기원하는 풍습이 전국적으로 행해졌다. 그래서 오늘날에도 신사에 가 보면 남녀의 인연이 맺어지기를 기원하는 내용이 적힌 종이가 경내 나뭇가지에 달려 있는 풍경을 쉽사리 목격할 수 있다. 또한 에도시대이래 일본인들 사이에서는 신들이 이즈모에 집합하는 음력 10월에 전국적으로 남녀의 못 다한 사랑과 인연이 이루어진다는 속신이 널리 보급되었다.

제8대 이즈모고쿠소 센게 다카토미(1841~1918)에 의해 창시된 신종교인 다이샤교에서는 이런 남녀 간 인연의 교의를 체계화시켰다. 즉, 결혼은 인생의 중대사이며 유사(幽事, 눈에 보이지 않는 세계)에 속한 것이고 따라서 유사를 관장하는 오호쿠니누시가 정해준다는 가르침이 그것이다. 이처럼 남녀 간 인연과 사랑의 신으로 관념된 오호쿠니누시는 근대 이후 신전 결혼식이 보급되면서 일본인들 사이에 더욱 친근한 존재가 되었다. 그리하여 이즈모대사 및 이즈모의 신을 모시는 신사에서는 아예 결혼식장을 경내에 만들어 놓고 있다.

　오호쿠니누시가 남녀의 인연을 맺어주는 사랑의 신으로 여겨지게 된 데에는 이 밖에도 또 다른 중요한 요인이 있다. 즉, 오호쿠니누시는 일본 대중들에게 가장 인기 있는 복신(福神)인 다이코쿠텐과 동일한 신격으로 습합함으로써 더욱 널리 퍼진 것이다. 다이코쿠텐은 원래 고대 인도의 무신(武神) 마하카라(Mahakala)인데, 불교에 수용되어 일본에 들어온 후 행복을 가져다주는 복신으로서 많은 사랑을 받게 되었다. 흔히 커다란 보따리를 왼쪽 어깨에 둘러멘 형상을 하고 있는 다이코쿠텐은 다이코쿠[大國]와 한자식 발음이 같은 탓에 오호쿠니누시와 신불습합을 한 것으로 추정된다. 그리하여 일본 엄마들이 아이에게 많이 불러주는 동요 가운데 "커다란 보따리를 어깨에 멘 다이코쿠텐님이 오시네 / 여기 이나바의 흰토끼 / 껍데기가 홀랑 벗겨진 벌거숭이라네"라는 가사가 나올 정도로 오호쿠니누시가 복신 다이코쿠텐과 동일시되어 행복을 가져다주는 사랑의 신으로서 일반인들 사이에 뿌리를 내리게 된 것이다.

신사의 메카, 이세신궁

폭풍의 눈 이세신궁: 이세마이리의 광기

에도시대 후기의 우키요에[浮世繪] 화가인 안도 히로시게 (1798~1861)가 그린 '이세참궁, 미야가와 도강'(伊勢參宮 宮川の 渡し, 1855년)이라는 풍속화를 보면, 4~5백 년 전 일본 각지에서 이세를 향해 춤추는 구름처럼 몰려들었을 일본인들의 풍경을 떠올리게 된다. 8백만 신들이 이즈모로 모여들 듯이 그들이 이세에 있는 이세신궁으로 모여들었던 까닭은 무엇일까? 16세기 말에 일본에 머물렀던 유럽 선교사 루이스 프로이스는 1585년의 편지에서 다음과 같이 적고 있다. "일본 전

안도 히로시게의
이세마이리 우키요에.

국에서 아마테라스를 참배하기 위해 몰려드는 순례자들이 믿을 수 없을 만큼 많다. …… 여기서는 남자도 여자도 서로 다투며 이세신궁을 참궁(參宮)하는 풍습이 있어서, 이세에 가지 않는 자는 인간 축에도 끼지 못한다고 여겨질 정도이다."

에도시대 중엽부터 아마테라스에게 복을 구하는 이세신앙이 전국적으로 확산됨으로써 일본민중의 집단적인 이세신궁 참배가 주기적으로 유행했다. 이런 이세마이리는 아마테라스의 영험에 의한 참궁이라는 뜻으로 '오카게마이리'라 불리기도 했다. 이세신궁에 대한 집단 참배는 중세에도 네 차례나 일어났었으며, 에도시대에 들어오면 통상 60여 년을 주기로 다섯 차례(1650년, 1705년, 1771년, 1830년, 1867년)에 걸쳐 반복적으로 유행했다. 그 중 1705년에는 50여 일 동안에 약 3백 30만 이상이나 참여했고, 1771년의 집단 참배에서는 농민, 도시의 하층민, 봉공인(奉公人), 주부, 아이들 등 약 207만 명의 남녀노소가 평상복 차림으로 참배 행렬에 참여하여 춤을 추면서 이세로 몰려들었다고 한다. 1830년에는 전국에서 약 486만 명이 이세로 몰려들었다는 기록도 있는데, 이 해에는 하늘에서 오후다(일종의 부적)가 떨어진다는 소문이 돌았고, 각지에서 이른바 오카게춤이 유행했다. 사람들은 저마다 소속이 적힌 깃발을 세우고 형형색색의 의상을 걸치거나 야릇하게 가장(假裝)한 채 손에 국자를 들고 샤미센(일본의 전통 현악기)과 북 등을 울리면서 "영험이란게 말이지, 벗어났단 말이지"라고 노래하면서 가도(街道)를 춤추며 걸어갔다는 것이다.

얼마나 놀라운 가관이었을까? 얼마나 기이한 장관이었을까? 참배자들 가운데는 통행증도 없이, 고용주나 부모의 허락 없이 무단으로 뛰쳐나온 자들도 적지 않았다. 말하자면 이들은 기존의 봉건적 질서와 규칙을 깨뜨렸지만 막부에 의해 특별히 벌을 받지는 않았다. 오히려 도로변의 마을에서는 참배자들을 위해 먹을 것과 일용품 등을 나누어주었고 잠자리를 제공해 주었다. 군중들은 이세신궁의 신덕에 힘입어 도처에서 대담하게 봉건 질서를 무시했다. 그들은 아무 거나 때

이세신궁의 새벽 풍경.

려 부수고 연공(年貢)을 경멸하고 빚을 면제해 줄 것을 요구
한다든지 관리들에게 반항한다든지 하였다. 혹은 참궁을 제
지하는 정토진종(淨土眞宗, 가마쿠라시대에 신란이 창시한 일본불
교 종파) 승려들과 충돌하기도 하는 등 곳곳에서 분쟁이 속출
했다. 하지만 지배층은 이런 이세마이리를 오히려 봉건 지배
의 안전판으로 간주하여 대개는 민중들의 불가사의한 흥분
과 광적인 소동을 관망했으며 때로는 이들의 편의를 봐주기
까지 했다는 것이다. 이처럼 근세 일본의 'ㅠ'자 모양의 도리
이가 인상적이다.

민중들을 광기에 가까운 열광의 도가니 속으로 몰아넣었
던 이세마이리의 '폭풍의 눈'에 해당하는 곳이 바로 미에현

이세시에 있는 이세신궁이다.

국가신도의 지성소

이세신궁은 10여만 개소에 이르는 일본 전국 신사의 총본산이자 신사신도의 메카로서 정식 명칭은 '신궁(神宮)'이라 한다. 신궁은 황조신(皇祖神) 아마테라스오오카미[天照大神]를 모시는 황대신궁(皇大神宮=內宮)과 식물신 도요우케노오오카미[豊受大神]를 모시는 풍수대신궁(豊受大神宮=外宮)으로 이루어져 있다. 내궁은 가미지산 기슭의 이스즈 강 강변에, 그리고 외궁은 다카쿠라산 기슭에 위치하며 각각 광대한 부지(神域)를 가지고 있다. 이세신궁은 양궁 외에도 별궁(別宮), 섭사(攝社,『연희식』에 기재된 신사로서 현재 내궁 27개소, 외궁 16개소 총 43개소), 말사(末社,『황태신궁의식장』 및 『지유기궁의식장』에는 나오지만 『연희식』에는 나오지 않는 신사로서 현재 내궁 16개소, 외궁 8개소 총 24개소), 소관사(所管社, 기타 정궁 및 별궁에 소속된 신사로서 현재 총 42개소) 등 총 125개소의 대소 신사로 구성되어 있으며 거기에 모셔진 제신의 숫자만 해도 140좌에 이르러 가히 신들의 대군이라 할 만하다.

이런 이세신궁은 메이지유신과 더불어 민중적 이세신앙의 틀에서 벗어나 황조신인 아마테라스를 모시는 국가신도의 지성소로 화하고 만다. 1871년에 유신 정부는 국가가 제사할 신들의 체계를 규정하는 한편 관 국폐사를 지정하고 그 밑에 부 번 현사 향사 산토사(産土社, 마을의 조상신을 모신 신사)의 위계를 정했다. 바로 이런 위계의 최고 정점으로 이세신궁이 자리매김 됨으로써 전국 신사와 신직이 국가 기관화된 것이다. 이처럼 전국 신사의 사격(社格, 위계)이 정해진 1871년은 근대 일본 국가신도의 역사에서 첫 번째로 중요한 분기점이라 할 수 있다. 즉, 이로써 전국 12만여 개소의 신사들은 모두 국가, 공적인 성격을 지니게 되었으며 이세신궁은 원래의 민중적 전통을 거세당하고 전국 신사의 총본산으로서 국가신도의 지성소가 되고 말았던 것이다.

이세신궁의 기원과 민중적 이세신앙

이세신궁은 멀리 고대 통일국가의 성립기(5세기 후반)까지 거슬러 올라 간다. 『일본서기』에 의하면, 내궁은 제10대 스진 천황과 제11대 스이닌 천황 시대에 시작되었다고 한다. 스진 천황 시대에 역병이 유행하고 농민반란이 빈발하자 천황이 신의 뜻을 물었고, 그 신탁에 따라 궁중에다 모셔왔던 아마테라스를 조정 바깥에다 모시게 되었다. 이리하여 아마테라스는 야마토의 가사누이무라에 옮겨 황녀인 도요스키이리히메로 하여금 섬기게 하였으며, 그 후 스이닌 천황 26년에 황녀 야마토히메가 그 뒤를 이어 오우미, 미노를 거쳐 이세의 이스즈 강가로 아마테라스를 옮겨 제사지냈다고 한다.

하지만 이세신궁의 기원을 전하는 관련 문헌들이 이세신궁이 성립된 이후 수세기가 지난 뒤에 나온 것들이므로 이들을 역사적인 사실이라고 단정짓기는 어렵다. 아마도 이세신궁의 원형은 이세 지방의 토지 신을 모신 신사였을 것이며, 그 제신은 농경 신, 식물 신으로서 이세의 유력한 씨족인 이소베씨의 우지가미[氏神]였을 가능성이 크다. 그 후 이세신궁은 황실의 우지가미로서의 성격을 띠게 되었고, 8세기 초 진기[神祇]제도가 형성되면서 전국 신사 가운데 최고의 지위를 부여받고 국가적인 성격을 지니게 되었다. 황실의 조상 신이었던 아마테라스가 야마토 조정에 의한 전국통일과 함께 일본 전국의 최고신으로 승격된 과정을 보여준다. 기기신화에서 아마테라스는 천상의 다카마노하라를 주재하는 태양 신으로서, 천손 니니기의 자손들이 대대로 일본 국토를 통치하도록 명한다. 이 장면과 관련하여 아마테라스의 유명한 신칙(神勅) 네 가지가 등장한다. 황손 니니기에게 거울을 주면서 마치 아마테라스 자신을 보듯이 거울을 보라고 말한 것, 일본국은 아마테라스의 자손이 군림하여 통치할 곳이며 그 황통이 영원무궁할 것임을 축복하는 이야기, 그리고 아마테라스가 도작농경법을 자손들에게 가르쳐 주는 장면 등이 그 것이다. 이 중 아마테라스가 니니기에게 건네준 거울, 즉 야 타노가가미는 아마테라스를 상징하는 신경(神鏡)으로서 궁 중에 모셔졌으며, 이세신궁이 창건되면서 내궁의 신체(神体, 신이 깃드는 사물이나 장소)가 되었다. 한편 9세기에 이르러 궁 중에 야타노가가미의 가타시로(形代, 모조품)를 모시는 가시 코도코로가 설치되면서 그곳이 이세신궁의 대궁(代宮)으로 간주되었다. 이리하여 야타노가가미는 나고야 소재 아츠타신 궁의 신체가 된 신검(神劍)인 쿠사나기노츠루기, 궁중에 보관 된 신옥(神玉)인 야사카니노마가타마과 함께 이른바 '삼종(三 種)의 신기(神器)'로서 천황의 황위를 상징하는 보물로 여겨지 게 되었다.

그 후 중세에 들어서면 내궁의 아라키다씨와 외궁의 와타 라이씨가 각각 이끄는 신직단의 활동에 의해 이세신앙의 민 중화가 크게 진전되었다. 가마쿠라시대에는 양궁의 신직인 네기와 곤네기가 약 2백 명 가량이었다. 이 신직(神職)들은 각 각 귀족과 무사들 사이에 이세신앙을 전파했으며 그들을 위 해 현세이익적인 기도를 대행해 주었다. 또한 이 신직단은 각 지에서 토지를 기부 받아 신궁 영지를 확대해 나갔고, 이렇 게 확보된 각지의 신궁 영지마다 아마테라스를 모시는 신명 사(神明社)를 세웠다. 이때 각지에서 신궁을 참배하러 온 사람들은 각기 연줄 있는 신직의 알선으로 숙박 문제를 해결했는데, 이로 인해 하급 신직이 경영하는 숙소가 제도화되었고 그런 숙소의 주인은 온시[御師]라고 불려지게 되었다.

무로마치시대(1336~1573)에는 이세신앙의 민중화가 보다 진전되었으며 승려 등을 지도자로 하는 무사, 농민, 상공민들의 강(講)이 각지에 성립되었다. 15세기 후반에는 온시(이세신궁의 신직명) 등이 전국을 돌아다니면서 향촌과 마을 단위의 이세강(伊勢講)을 조직하였고, 민중의 이세신궁 참배가 널리 행해지게 되었다. 전국시대(1467~1568)에는 도호쿠 지방에서 큐슈에 이르기까지 참궁이 행해졌으며 에도 초기에는 각 마을마다 '이세 춤'이 퍼졌다. 앞서 언급한 이세마이리가 에도시대에 크게 유행한 것도 바로 이와 같은 배경하에서였다.

이와 같은 신직단과 온시들의 활동에 의해 이세신궁은 새로운 민중적 기반을 확보했으며 내궁과 외궁의 영지도 정비되었다. 오늘날 신궁을 둘러싸고 있는 울창한 삼나무들도 이 시기에 식목된 것이다. 그런데 이런 이세신궁의 새로운 번영은 내궁과 외궁 사이의 심각한 대립을 초래했다. 이세신궁은 율령 국가 하에서 조정에 의지하여 번영했지만, 봉건 사회가 성립하자 이제는 신직들 스스로의 힘으로 경제적 기반을 확보하지 않을 수 없게 되었던 것이다. 때문에 전적으로 조정에 의지했던 내궁의 우위성은 갈수록 현실적인 힘을 잃어버리게 되었고, 양궁의 신직단은 경제적 기반의 확보 및 이세신궁의 주도권을 둘러싸고 격렬한 갈등을 겪게 된다. 그러다가 메이지유신 이후에는 다시금 외궁에 대한 내궁의 절대적인 우위성이 확보된다.

어쨌거나 여행자는 정복자의 신과 피정복자의 신을 표면상 동등한 지위로 제사지내고 있는 이세신궁의 이원적 구조에서 일본신도에 특유한 어떤 정신성을 읽어내고 싶어 한다. 물론 그 정신성이 무엇이냐 하는 점은 아직 검푸른 새벽안개처럼 희미하기만 하다. 하지만 내궁과 외궁에서 사람을 위압하는 웅장함 같은 것은 찾아볼 수 없다. 독일의 건축가 부르노 타우트(Bruno Taut)가 일찍이 『일본미의 재발견』(1939)에서 "이세신궁에는 인간 이성에 반발하는 변덕스러운 요소는 아무 것도 없다. 그 구조는 매우 단순하지만 그 자체로 논리적이며, 후대의 일본 건축에 나타나는 번쇄한 장식적 요소가 전혀 없다."고 적고 있듯이, 다만 거기에는 지극히 절제되고 세련된 정제미와 간소미가 흐르고 있을 따름이다. 그런데 더 흥미로운 것은 이 신궁의 양궁을 비롯한 모든 신전들과 보물들이 20년에 한 번씩 주기적으로 새로 조영되고 교체된다는 사실이다.

신들의 이사: 식년천궁

　일반적으로 일본 신사에서 일정한 년수를 정하여 새롭게 신전을 조영하고 그곳으로 구 신전의 신체(神體)를 옮기는 것을 식년천궁(式年遷宮)이라고 하는데, 20여 년의 주기로 행해져온 이세신궁의 사례가 가장 대표적이다. 이세신궁 외 다른 신사의 식년천궁 사례로는 스와대사(7년 주기), 누키사키신사(12년 주기), 가모신사(20년 주기), 카스가대사(20년 주기), 스미요시대사(19년 주기), 가토리신궁(19년 주기), 가시마신궁(19년 주기) 등을 들 수 있다. 이 중 스와대사, 누키사키신사, 가모신사 등에서는 현재에도 식년천궁을 지키고 있다. 이세신궁의 식년천궁 제도가 언제 시작되었는가에 대해서는 여러 가지 설이 많으나, 문헌에 의하면 초기에는 19년 주기(20년째)로 행해지다가 1343년 제35회 식년천궁 이후 20년 주기(21년째)로 바뀐 이래 현재까지 총 61회의 식년천궁이 이루어졌다. 62회의 식년천궁은 2013년에 행해질 것이다.

　식년천궁 과정은 최초의 야마구치사이[山口祭], 즉 재목을 얻기 위해 산신에게 제사지내면서 목재 벌채와 반출의 안전을 기원하는 의례로 시작된다. 그 다음 새로운 신전의 조영에 소요되는 재목들을 신궁 영내로 운반하는 오키히키 행사라든가, 새 정전이 지어진 후 주민들이 그 주변에 까는 희고

둥근 자갈을 강가에서 주워 신궁 영내로 운반하여 봉헌하는 오시라이시모치 행사 등을 포함한 수많은 의례를 거쳐 마지막 센교(遷御) 의식에 이르기까지 최소한 8년 이상이 소요된다. 이는 신전 조영에 필요한 재목 약 1만 4천 주와 새 2만 5천 다발에다 목공 12만 5천여 명이 동원되는 대사업이다. 이 중 아마테라스의 신체인 거울을 새로 지은 내궁 정전에 옮기는 의식, 즉 센교 의례에 대해 특히 주목할 필요가 있다.

센교 당일(10월 2일) 오후 4시가 되면 궁중에서 파견된 칙사와 제주 및 악사 등을 포함한 의례 참여자 1백 수십 명이 모여 든다. 이들은 오후 6시에 하라이(정화 의례)를 행한 후 칙사, 제주, 궁사, 네기 등이 제각각 네 개의 다마구시(비추기 나무 가지에다 종이 오리를 단 것)를 양 손에 두 개씩 들고 구 정전의 안뜰로 들어가 신도식 예배를 드린다. 그때 칙사가 정전 계단 아래 서서 제문을 진상한 후, 궁사들이 정전의 문을 열고 네기와 함께 들어가 정전 안에 등불을 밝힌다. 그 동안 밖에서는 신보를 든 의례 참가자들이 좌우로 열을 짓고 악사들은 아악을 연주한다. 마침내 정각 8시가 되면 갑자기 모든 등불이 꺼지고 사방이 어둠 속에 잠긴다. 그 어둠 속에서 대표 궁사가 닭 우는 소리를 길게 세 번 영창하며, 칙사는 정전 계단 아래에서 아마테라스의 신체를 향해 빨리 나오시라고 (出御) 세 차례 재촉한다. 그러면 궁사와 네기들이 거울을 모신 상자(仮御樋代)를 비단에 싸서 가지고 나오며 일행은 새롭게 지어진 정전을 향해 발걸음을 옮긴다. 이리하여 8시 30분경에 아마테라스의 신체가 새 정전 안에 들어가고(入御) 신보(神寶)들 또한 봉납되고 나면 정전의 문이 닫히고 다시 아악이 연주되는 동안 칙사가 제문을 진상한다. 그런 다음 일동은 정전의 안뜰에서 8배를 한 후 물러나간다.

이처럼 막대한 비용과 노동을 요하고 수많은 정교한 의식이 요구되는 식년천궁은 합리적인 눈으로 보자면 번거롭기 짝이 없다. 가령 신전을 콘크리트로 지어 버리면 그런 고생을 하지 않아도 그만일 성 싶다. 그렇다면 무엇 때문에 그와 같은 신들의 정기적인 이사를 고집하는 것일까? 이와 관련하여 20년을 주기로 하는 식년천궁의 이유에 관해 종래 다양한 견해들이 제시되어 왔다. 예컨대 신궁은 목조 건축이기 때문에 일정한 기간이 지나면 내구력을 상실하므로 일정 식년에 따라 개축, 보수할 필요가 있다든가, 혹은 20년의 주기는 목공들의 기술 전수 때문이라든가, 아니면 고대인들에게 20이라는 숫자가 손가락과 발가락을 동원하여 셀 수 있는 최대수였기 때문에 20년이라는 주기가 상정된 것이라는 등의 해석이 가능할 것이다. 물론 어떤 경우든 식년천궁의 관습에는 고래의 건축 양식을 계승하고 전통을 중시하려는 관념이 깔려 있다. 그러나 식년천궁과 관련하여 무엇보다 중요한 계기는 청정이라는 신도적 관념에 있다고 보인다. 즉, 일정 시기를 정하여 신전을 새롭게 지어 신들을 깨끗한 곳으로 옮김으로써 신이 젊어지고 보다 강한 수호의 힘을 가지게 될 것이라는 관념이 그것이다. 또한 20년이라는 주기가 당시 역법과 밀접한 관계가 있다는 점도 간과해서는 안 될 것이다. 20년째에는 태양년과 삭망월이 일치함으로써 원단과 입춘이 중첩되거나 혹은 11월 1일이 동지와 중첩된다. 그러니까 20년의 주기란 일체가 다시 새롭게 되는 원점회귀의 시점에 다름 아닌 것이다.

식년천궁의 종교적 의미

종교학자 엘리아데(M. Eliade)의 통찰력에 의하면, 새로 짓는 모든 집은 세계의 재건을 의미하며 특히 사원이나 신전 혹은 제단과 같은 신성한 공간의 건축이란 태초의 원형적 모델에 의거하여 그것을 무한히 복제하려는 행위라는 점에서 결국 우주창조의 반복을 상징한다. 신성한 공간은 세계의 중심에 위치하며, 이를 유지하기 위해서는 혼돈으로의 주기적인 복귀와 재생의 의례를 필요로 한다. 그리고 이와 같은 신성한 공간의 확보는 무엇보다 신성한 시간의 회복을 통해 이루어진다. 이런 의미에서 식년천궁을 통한 신성한 공간의 갱신은 곧 '시간의 갱신'이기도 하다. 신년 의례에서 가장 전형적으로 엿볼 수 있는 이런 '시간의 갱신'에는 낡고 쇠퇴한 것의 정화, 혼돈으로의 복귀, 재생에 대한 관념이 수반된다. 요컨대 식년천궁은 지극히 종교적인 의미를 내포하고 있는 셈이다.

많은 일본의 논자들은 식년천궁의 궁극적인 종교적 의미를 '영원의 현재'에서 찾고 있다. 어떤 신관(神官)은 이렇게 말했다. "그리스의 파르테논 신전은 석재로 만들어 영원히 남겨질 것을 기대했다. 그러나 그 신전은 현재 폐허가 되어 있고 신앙마저도 잊혀져 버렸다. 하지만 이와는 대조적으로 썩기 쉬운 목재로 만들어진 이세신궁은 반복적인 재건축을 통해 그 신앙과 함께 변함없이 유지되고 있다. 식년천궁의 비밀은 바로 이 점에 있다고 생각한다. 즉, 식년천궁에 있어 신화는 역사와 일체가 되고, 과거와 현재와 미래라는 통상적인 시간의 흐름을 초월하여 신과 인간을 공유하는 '영원의 현재'라는 지복의 공간이 만들어지는 것이다. 그럼으로써 숲 전체가 청정을 회복하고 생명이 새롭게 부활한다. 유한한 생명을 가지고 있는 인간에게 이는 영원을 사는 귀중한 순간이 아닐 수 없다." 또 어떤 신도학자는 식년천궁의 의미가 그 의례에 참여하는 자들을 신대(神代)의 시간으로 돌아가게 해 주고 생명의 근원으로서의 신화적 태고를 '지금, 여기'에 재현함으로써 궁극적으로 '생명의 시간'으로 되돌아가 생명을 재생시키는 데에 있다고 말하기도 한다. 그것은 '역사의 상대화' 혹은 엘리아데의 표현을 빌리자면 '역사의 폐기'를 의미한다. 이를 '나카이마[中今]'라는 일본의 전통적 시간 개념을 빌어 설명하기도 한다. 여기서 '나카이마'란 "바로 지금 현재 속의 신대(神代)"를 뜻하는 고어이다. 다시 말해 "신대가 지금 여기에 있으며, 지금 또한 신대에 있다"는 것이다. 요컨대 신화적 시간, 성스러운 신적 시간이 이와 같은 '나카이마'로서 현재 안에 재생되는 것, 바로 거기에 식년천궁의 종교적 의미가 있다는 말이다. "지속을 영원의 순간으로 변환시킴으로써 영원 속에서 살고자 하는 욕구"가 가리키는 것도 이런 '나카이마'와 결코 무관하지 않을 것이다.

이세신궁 정전의 건축 양식은 신메이즈쿠리라 한다. 이는 기리즈마야네, 즉 박공지붕에다 건물 옆의 중앙에 입구가 나 있는 히라이리 양식으로서 박공 양쪽으로 무나모치바시라[棟持柱]를 세운 목조 건물이다. 신메이즈쿠리의 원형은 남방 계통의 간소한 다카쿠라 양식으로 고대의 곡물 창고를 모델로 삼은 것이다. 식년천궁은 바로 이런 원형적 양식을 고수해 왔다. 왜 그랬을까? 원형의 반복이 인간 존재의 현실적 조건 속에서 이상적인 생명의 시간을 실현시켜 줄 것이라고 믿었기 때문일까? 그렇다면 그것은 시간의 무게에서 벗어나, 혹은 시간을 역류하여 '영원의 현재' 속에 머물고자 하는 역설적인 소망을 나타낸다. 영원에 대한 노스탤지어다. 이 점에서 식년천궁의 종교적 의미는 보편성을 보여 준다. 그러나 일본인에게 있어 영원에 대한 노스탤지어가 반드시 유토피아적인 미래로서만 관념되는 것은 아니다. '나카이마'의 시간관념에서 엿볼 수 있듯이, 신도적 노스탤지어는 미래보다는 오히려 현재에 초점이 맞추어져 있기 때문이다. 실제로 일본의 종교사는 일본인들의 강한 현세 중심적인 종교관을 특징적으로 보여준다. 그래서 '영원의 현재'를 즐겁고 감사한 마음으로 생기에 넘쳐 최선을 다해 사는 것에 신도의 근본정신이 있다고 말해지기도 한다. 토인비 박사가 이세신궁을 방문한 후에 "이 거룩한 성지에서 나는 모든 종교의 밑바닥에 흐르는 어떤 통일성을 느끼노라"는 메모를 남겼다고 하는데, 여기서 그가 말하는 통일성(underlying unity)이 '영원의 현재'라는 신도적 에토스와 얼마만큼 통할 수 있을지는 의문이다. 하지만 최소한 영원에 대한 노스탤지어가 종교라는 문화 영역에 공통적으로 깔려 있다는 점만은 수긍할 수 있을 듯싶다.

일본신화의 무대를 찾아서

천손 니니기: 한국악과 기리시마신궁

이자나기는 아마테라스를 낳고, 아마테라스는 아메노오시호미미를 낳고, 아메노오시호미미는 니니기를 낳고……. 큐슈의 아소산지로부터 고원과 고원을 넘어 가고시마현의 기리시마 산지로 향하면서 몇 번씩이나 길을 잃은 여행자는 주문처럼 신통기를 외운다. 원래 족보란 길을 잃지 않도록 하기 위해 만들어진 것이니까.

『고사기』와 『일본서기』의 신화에 의하면, 일본 천황가의 선조는 남큐슈 지방에서 온 것으로 되어 있다. 즉, 남큐슈로부터 온 침입자가 야마토(지금의 나라현) 지방을 점령하고 오오키미(大王, 천황을 지칭하던 옛 명칭)가 되어 일본 전국을 제패했다는 것이다. 그 초대 오오키미가 바로 신화적인 진무 천황, 즉 가무야마토이와레히코이다. 그리고 이 진무 천황의 족보를 거슬러 올라가면 부친 우가야후키아에즈로부터 히코호호데미(우가야후키아에즈의 부친으로서 호오리 혹은 야마사치라고도 한다)를 거쳐 니니기[瓊瓊杵尊]라는 신에 이른다. 『고사기』는 니니기가 다카마노하라(신들이 사는 천상계)로부터 츠쿠시 히무카에 있는 다카치호 산정의 구지후루타케라는 봉우리로 천강했다고 적고 있다. 이때 니니기는 다음과 같이 말한다.

이곳은 한국(韓國)을 바라보고 있고 가사사[笠沙]의 곶과 바로 통해 있어 아침 해가 바로 비추는 나라, 저녁 해가 비추는 나라이다. 그러므로 여기는 정말 상서로운 곳이다.

여기서 '아침 해가 바로 비추는 나라, 저녁 해가 비추는 나라'라는 문구는 고대 일본에서 국가를 찬미할 때 쓰던 관용어이므로, 니니기가 천강했다는 곳이 상서롭다고 간주된 이유는 그곳이 가사사의 곶과 통해 있고 한국을 향해 있기 때문이라고 볼 수 있다. 이때 가사사의 곶은 통상 현재 큐슈 남서부 가고시마현 가사사 마을의 노마 곶에 비정되고 있다.

하지만 참으로 이상하지 않은가? 일본 천황가의 신성한 기원을 말하는 장면에 느닷없이 한국이 등장하는 까닭은 무엇일까?

에도시대 국학(國學)을 집대성한 모토오리 노리나가는 대저 『고사기전 古事記傳』에서 이 한국(가라쿠니)을 다카치호 산봉우리 옆에 있는 가라쿠니다케, 즉 한국악(韓國岳)으로 해석했다. 이런 해석을 받아들인다 해도 여전히 의문은 남는다. 한국악(표고 1,700m)은 기리시마[霧島] 산지 가운데 다카치호 산봉우리(표고 1,574m)를 제치고 가장 높고 험준하다. 거기에 한국악이라는 이름이 지금까지 남아 있는 이유는 무엇일까?

남큐슈 기리시마 산지에 있는
한국악 등산로 입구에서 필자.

우메하라 다케시라는 유명한 현대 일본의 논객이 있다. 우리에게는 다소 민족주의적인 성향을 지닌 지식인으로 알려져 있지만, 그는 적어도 니니기 천손강림 신화에 관한 한 가장 중요한 장면에 등장하는 '한국'을 말 그대로 한반도를 가리키는 것으로 보아야만 한다고 말한다. 다시 말해 우메하라 다케시는 노리나가를 내셔널리스트라고 부르면서 그의 주장을 부정한다. 우메하라에 의하면 "이곳은 한국을 바라보고 있고"라는 『고사기』의 기술은 니니기가 어디에서 온 것인지를 가리키는 말이다. 단적으로 말해 천손족 니니기는 한국인이라는 것이다. 우메하라의 추론은 다음과 같이 계속 이어진다. 니니기로 표상되는 천손족이 볍씨와 선진 농경 기술 및 양잠 재배 기술을 가지고 한국에서부터 배를 타고 바다를 건너 큐슈 남단 노마 반도의 가사사 곳에 상륙했으나, 기리시마 지방의 자연 조건이 농경에 적합하지 못하므로 이윽고 큐슈 남동부, 즉 현재의 미야자키현 니시우스키의 다카치호 지방으로 이동했다는 것이다. 이때는 대략 야요이시대(일본에서 벼농사가 시작된 기원전 4세기에서 고분 시대로 넘어가는 기원후 3세기경) 중후기로 추정된다. 이런 추정을 뒷받침해 주는 문헌학적 증거로서 그는 도작 농업과 양잠(직조)이 고대 일본 사회에 한 세트를 이루고 있었으며, 전자가 남자의 일이었다면 후자는 여자의 일로 각기 기능적 분업을 형성했다는 점을 들고 있다. 예컨대 니니기의 부친의 정식 이름은 '마사카츠아카츠가치하야히아메노오시호미미[正勝吾勝勝速日天忍穗耳命]'인데 이는 '올바르게 이긴다. 나는 이긴다. 이기는 영적 힘을 지닌 천손족의 위용 있는 벼의 장자'를 뜻하는 말이라고 한다. 한편 니니기의 모친은 다카미무스비의 딸 '요로즈하타토요아키즈시히메[萬幡豊秋津師比賣命]'인데 이는 '많은 수의 직기로 품질 좋은 옷감을 짜는 여자'를 의미한다. 요컨대 니니기의 부친은 도래인이고 모친은 토착민의 딸로서, 그 사이에서 태어난 (호노)니니기는 '벼가 풍성하게 결실한 모양'을 가리키는 이름이다. 니니기의 아들(아마츠히코)히코호호데미는 '(천손족의 아들로서) 많은 벼를 맺게 하는 신성한 힘을 지닌 자'를 뜻한다. 그러니까 니니기로 대표되는 천손족 집단이 발달한 선진 도작 농경 기술과 양잠 재배 기술을 가지고 다카치호 지방에 도달하여 그곳을 지배하게 된 이야기가 바로 천손 강림 신화의 실상이라는 말이다.

물론 현재 이런 추론을 증명할 실증적인 고고학적 증거는 없다. 다만 수수께끼 같은 신화의 글자들과 한국악이라는 고유명사만이 우리 앞에 남아 있을 뿐이다. 어쨌거나 오늘날 한국악이 니니기와 무관하지 않을 거라고 상상하는 일본인은 극소수에 지나지 않는다. 있다 해도 그런 상상을 입 밖에 내어 말하는 자는 거의 없다. 한국악은 이름만 남아 있을 뿐

기억상실증에 걸린 미아처럼 길을 잃고 서 있다. 니니기가 주제신으로 모셔진 신사는 한국악으로부터 그리 멀지 않은 곳에 위치한 기리시마신궁이다. 이 신사에서는 니니기 외에도 고노하나노사쿠야히메, 히코호호데미(야마사치 혹은 호오리), 도요타마히메, 우가야후키아에즈, 다마요리히메, 가무야마토이와레히코(진무 천황) 등 천황가와 관련된 주요한 신들이 모셔져 있다.

태양의 여신 아마테라스: 아마노이와토 신사

이제 여행자의 발길은 어느새 다카치호가와라에 닿아 있다. 다카치호 산봉우리 바로 아래에 위치한 이곳은 기리시마신궁이 있던 곳이라고 하는데, 니니기의 천손강림을 기리는 제단이 왠지 마니산의 삼성단을 보는 듯하여 인상적이다. 그런데 다카치호라는 지명은 남큐슈에 두 군데가 있다. 하나는 앞에서 언급한 기리시마 산지(가고시마현 및 미야자키현 양편에 걸쳐 있다)의 다카치호 산봉우리이고 다른 하나는 미야자키현의 니시우스키군에 있는 다카치호 정(町)이다. 이 둘 가운데 니니기가 강림한 곳이 어디인지에 관심을 가지는 일본인들이 적지 않다. 그들은 흥미롭게도 신화를 역사적 사실로 풀고 싶어 하는 것이다. 예컨대 모토오리 노리나가는 양자 모두를 천손 강림의 장소로 보았다. 즉, 처음에는 천손이 니시우스키의 다카치호로 강림했다가 후에 기리시마로 이동했다는 것이다. 그러나 사츠마 국학의 아버지인 시라오 사이조(1762~1821)는 니시우스키의 후타가미야마는 천손 강림지로서는 너무 초라하며 웅장한 기리시마 산지의 다카치호 산봉우리야말로 니니기가 천강한 곳이라고 주장했다. 이에 비해 우메하라 다케시는 니니기가 한국에서 노마 반도에 있는 가사사의 곳에 상륙하여 농경지를 찾아 니시우스키의 다카치호로 이동했을 거라고 추정한다.

어쨌거나 두 개의 다카치호 가운데 어느 쪽이 진짜 천손 강림지냐 하는 것은 우리에게는 별로 와 닿지 않는 물음이다. 그런데 구조인류학의 개척자 레비 스트로스가 1986년에 큐슈를 방문했을 때, 다윗의 신전터, 베들레헴 동굴, 그리스도 성묘, 나사로의 무덤보다도 니니기가 천강했다는 기리시마 산과 아마테라스가 몸을 감추었다는 동굴 앞의 아마노이와토[天岩戶] 신사에서 더 깊은 감동을 느꼈다고 한다. 여기서 잠시 아마테라스 신화에 대해 정리해 보자.

니니기의 할머니에 해당되는 태양의 여신인 아마테라스에게는 스사노오라는 남동생이 있었다. 폭풍의 신인 스사노오는 다카마노하라의 통치에 불만을 품고 아마테라스가 경작하는 논두렁을 부수거나 아마테라스가 사는 신전에 똥을 뿌

큐슈 남동부 다카치호 마을에 있는 아마노이와토 신사의 에마.
신들이 아마테라스 여신을 아마노이와토 동굴에서 나오게 하는 장면이 그려져 있다.

리는가 하면 아마테라스가 베틀을 짜는 이미하타야에 말가
죽을 벗겨 던지는 등 난폭한 행동을 일삼는다. 이를 견디지
못한 아마테라스는 천상계 입구에 있는 아마노이와토라는
동굴 속에 숨어 버린다. 그러자 세상에는 태양이 사라지고
짙은 어둠만이 깔리게 된다. 이에 당황한 신들이 회의를 열어
의논 끝에 제사와 춤을 통해 여신을 다시 굴에서 나오게 한
다. 그 장면은 매우 극적이다. 지옥 같은 어둠 속에서 도코요
(常世, 바다 건너편에 있다고 상상된 유토피아)의 장닭들이 한꺼번
에 울어대자, 아마테라스가 숨어 있는 굴 앞에 모든 신들이
각기 요란한 치장을 하고 모여든다. 그들은 동굴 앞에 거대한
화톳불을 피우고 큰 소리로 노래하며 춤추고 떠들어댄다. 이
어서 신들이 동굴 앞에 성스러운 비추기 나무를 세우고 수

백 개의 구슬로 장식한 다음에 중앙 가지에 야타노가가미라는 대형거울을 걸자, 무녀인 아메노우즈메가 유방과 성기를 드러낸 채 한바탕 푸닥거리를 한다. 그 모습에 모든 신들이 한꺼번에 깔깔거리며 웃어대자, 이를 이상하게 여긴 아마테라스가 동굴 문을 약간 열고는 바깥 동정을 살피며 "내가 없는데 뭐가 그리 즐겁다고들 웃어대는가?"라고 묻는다. 이에 아메노우즈메는 "당신보다 더 훌륭하고 존귀한 신이 있기 때문에 우리가 즐거워서 웃지요"라고 대답한다. 다른 신들은 이 말이 정말인지 아닌지 확인해 보라는 듯 아마테라스 앞에 거울을 들이민다. 이들의 각본을 알지

못하는 아마테라스가 거울에 비친 제 모습을 더 자세히 들여다보기 위해 몸을 앞으로 내밀자, 동굴 위쪽에 숨어있던 괴력의 신 아메노타지카라오가 아마테라스를 붙잡아 밖으로 끌어냈으며, 그로 인해 세상이 다시 밝아진다. 신들은 동굴을 폐쇄하고 스사노오를 지상으로 추방해 버린다. 이리하여 아마테라스와 스사노오 간에 벌어진 신들의 전쟁은 스사노오가 희생양이 됨으로써 막을 내린다.

미야자키현 니시우스키군 다카치호정에 위치한 아마노이와토신사에는 동본궁(東本宮)과 서본궁(西本宮)이 있는데, 이중 아마테라스가 숨었다는 동굴은 서본궁 경내에 있다. 아마노이와토신사의 한 신직에 의하면, 니니기는 한국인이며 초

대 진무 천황에게 볍씨를 준 것은 단군의 자손이다. 신들은 흰 신마(神馬)를 타고 다니는데, 진무 천황은 최초로 배를 타고 이동했다고 나온다. 그런데 그 시대에 일본에는 배가 없었다. 배는 한반도에서 쌀을 싣고 일본으로 전해진 것이다. 그러니까 쌀농사는 한국에서 온 것이었다. 원래 고대 일본인들이 생각한 신은 나무나 돌 같은 데에 거하는 영적 존재였는데, 인간의 형태를 지닌 신에 대한 관념은 한국인한테 배운 것이다. 그 후 일본 신화에 나오는 신들은 원래 다 인간이었다. 니니기의 진짜 천손 강림지는 이곳(아마노이와토 신사)이 아니라 한국악이 있는 곳이라는 것이다. 믿거나 말거나 식의 이야기겠지만, 무언가 묘한 뉘앙스를 풍기는 구석이 있다.

아마노이와토 신사 뒷문으로 빠져나와 한 15분 정도 계곡 길을 따라 올라간 곳에 정말 동굴다운 동굴이 있다. 아마노야스카와라라고 불리는 이 동굴은 아마테라스가 아마노이와토에 숨은 뒤 태양이 사라지고 어둠만이 세상을 지배하게 되자 이를 염려한 신들이 모여 회의를 했다고 전해지는 장소이다. 그곳에는 마이산 돌탑 같은 것들이 무수하게 쌓여 있었고 어디선가 정말로 두런거리는 신들의 음성이 들려올 것만 같은 묘한 분위기가 흐르고 있었다. 여행자는 동굴 한 구석에 주저앉아 8백만 신들의 원탁회의를 상상하는 방청자가 된다. 그의 오만한 상상 속에서 신들의 논쟁은 결국 이런 합의점에 이른다. "아마테라스가 원하는 대로 그녀를 굴속에 그대로 놓아둡시다! 그녀는 지쳐 있음에 틀림없소. 우주는 나이를 먹을 만큼 먹었으니 말이지. 대신 스사노오를 우리의 새로운 폭풍으로 추대합시다. 그는 젊고 강한 신이오!" 이 상상대로 스사노오가 천황가의 조상신으로 자리매김 했더라면 지금의 일본은 과연 다른 모습을 하고 있게 되었을까?

가구라의 천국: 다카치호 신사

니시우스키의 다카치호 마을은 고대 큐슈의 배꼽으로 교통의 요지였다. 다카치호는 천손 강림의 신화로도 유명하지만 가구라(神樂, 신에게 바치는 춤과 음악의 연회)의 마을로도 유명하다. 실로 미야자키현은 가구라, 특히 밤새껏 행해지는 요가구라[夜神樂]의 천국이다. 일본에서 이곳보다 가구라가 성행하는 곳은 없다고 한다. 특히 다카치호신사의 가구라 신전에서는 매일 밤마다 여행자들을 위해 33번으로 이루어진 이와토 가구라 중 4개 대목의 춤을 공연한다. 팸플릿에 나오는 내용을 일부 소개하자면 다음과 같다.

"다카치호 지방에 전승되어 내려온 가구라는 아마테라스가 아마노이와토에 숨었을 때, 그 동굴 앞에서 아메노우즈메가 추었다는 익살스런 춤에서 유래된 것이라고 전해집니다. 고래로 우리의 조상들은 오랜 세월 동안 이 가구라를 전승하여 오늘에 이르고 있습니다. 매년 11월 말에서 익년 2월까지 각 동네별로 총 33번 대목의 요가구라를 상연하면서 가을의 결실에 대한 감사와 새로운 한 해의 풍요를 기원하는 것입니다. 그 중 네 대목은 다음과 같습니다. ①다지카라오의 춤: 아마테라스가 아마노이와토에 숨자, 힘이 장사인 다지카라오가 아마노이와토를 찾아내기 위해 조용히 귀를 기울인다든지 생각하는 모습을 표현하고 있습니다. ②우즈메의 춤: 아마노이와토의 소재가 확인되자, 그 동굴 앞에서 우즈메가 해학적이고 엉뚱한 춤을 추어 아마테라스를 동굴 밖으로 꾀어내고자 하고 있습니다. ③돌문을 여는 춤: 다지카라오가 아마노이와토의 돌문을 제거하고 아마테라스를 맞이하는 춤으로, 용맹하고 힘찬 춤입니다. ④고신타이의 춤: 일명 국토 낳기의 춤이라고도 하며, 이자나기와 이자나미 양신이 술을 빚어 서로 정답게 마시며 희롱하는 춤으로, 원만한 부부 사이를 상징하는 춤입니다."

다카치호 마을에만 21개의 가구라 극단이 있다고 하는데, 다카치호의 요가구라는 수확제의 성격과 아울러 다카치호 신사의 제신인 미케누에 의해 살해당한 기하치를 위로하는 진혼제의 성격도 가지고 있다. 부연하자면, 진무 천황이 휴가로 향할 무렵의 이름은 우카미케누였고 그에게는 형제가 둘 있었는데 그 중 하나가 바로 다카치호 신사의 제신 미케누이다. 다카치호 마을의 전승에 의하면, 미케누는 야마토 정복 이후 고향인 다카치호로 돌아와 기하치를 퇴치했다고 한다. 여기서 기하치는 아소 지방의 전설에 나오는 기하치와 동일한 신으로서 외부에서 침입해 들어온 정복자에게 패한 지방 호족을 표상하는 존재로 여겨진다.

신들의 스캔들: 아오시마신사와 우도신궁

레비 스트로스는 1988년 말 파리에서 있었던 에도 준과의 대담에서 "나는 다카치호에 있는 다마요리히메의 성역, 즉 니니기가 바다의 왕의 딸과 결혼했다는 동굴을 방문했을 때 미적 감동을 받았다. 거기서 신화에 나오는 이야기가 정말로 일어났음직하다는 느낌까지 들었던 것이다"라고 적고 있다. 그런데 방대한 저서 『신화론』에서 아메리카 인디언들의 신화 8백여 종을 정밀하게 분석했던 레비 스트로스라 해도 일본 신화에 대해서는 아직 낯설었던 모양인지, 그의 기억은 전혀 앞뒤가 맞지 않는다. 그가 말하는 '다카치호에 있는 다마요리히메의 성역'은 니치낭시의 우도에 있는 도요타마히메의 성역에 대한 잘못된 기억이고 니니기는 야마사치(히코호호데미 혹은 호오리)로 고쳐야 맞다. 어쨌거나 그는 아메리카 인디언 신화나 인도네시아 신화와 마찬가지로 일본의 휴가[日向] 신화 또한 원초적 신화임을 강조하고 있는 것이다. 특히 그는 야마사치와 우미사치(호데리) 신화를 종합적이고 수미일관된 신화의 전형으로 보면서, 외래문화를 받아들여 그것을 멋지게 통일시켜 독자적인 문화를 만들어내는 일본인 특유의 섬세한 감성을 잘 보여준다고 말하기도 했다. 그는 아마도 기기신화가 얼마나 교묘하게 조작된 정치적 신화인지에 대해서는 잘 모르고 있었던 듯싶다. 기본적으로 일본신화가 천황가의 정통성과 신성성을 확보하기 위해 이데올로기적으로 치밀하게 재조직된 신화라는 점은 많은 일본 연구자들 스스로 일찍부터 인정한 사실이다.

그러나 여행자는 이데올로기의 번잡하고도 좁은 길에서 벗어나 있는 자를 뜻한다. 그에게는 오히려 길가에서 그리고 숲 속에서 벌어지는 스캔들이 더욱 친숙하게 느껴지기 마련이다. 니니기의 스캔들이라……. 다카치호에 천강한 니니기는 그 지방의 여인과 결혼한다. 그때 니니기는 가사사에서 만난 꽃처럼 아름다운 미인 고노하나노사쿠야히메에게 홀딱 반해, 여인의 부친인 산신 오호야마츠미에게 딸을 아내로 맞이하고 싶다고 말한다. 이에 오호야마츠미는 언니인 이와나가히메와 함께 고노하나노사쿠야히메를 니니기의 방에 들여 보낸다. 그러나 니니기는 바위같이 못생기고 투박한 이와나가히메는 소박 놓고 고노하나노사쿠야히메만을 취하여 하룻밤 정을 통한다. 그 후 고노하나노사쿠야히메가 출산을 하게 되자 니니기는 "딱 하룻밤 같이 잤을 뿐인데 어떻게 아이가 생겼단 말인가? 그 아이는 내 아이가 아닐 것"이라고 잡아뗀다. 그러자 이를 억울하게 여긴 고노하나노사쿠야히메는 산실(産室)을 짓고 그 안에 들어가 모든 출구를 다 흙으로 막게 하고 바깥에서 불을 지르게 한다. 만일 그 아이가 니니기의 아이라면 무사히 출산하여 자신의 결백을 증명해 줄 거라고 말하면서 말이다. 결과는 그녀의 결백으로 판명이 난다. 야마사치와 우미사치 형제는 바로 이 불구덩이 속에서 태어난 아이들이다.

야마사치와 우미사치 형제의 스캔들도 만만치 않다. 형 우미사치는 바다의 물고기를 잡았고 동생 야마사치는 산에서 사냥을 하며 살았다. 그러던 어느날 동생이 형에게 서로 도구를 교환해서 잡아보자고 제안한다. 형은 마지못해 이를 승낙했지만, 동생이 자기 낚싯바늘을 잃어버리자 이를 찾아 올 것을 막무가내로 주장한다. 동생은 고민 끝에 바닷길의 신인 시오츠치[鹽椎]의 도움을 받아 해궁으로 간다. 거기서 야마사치는 해신의 딸인 도요타마히메와 결혼하여 행복하게 살다가 3년 뒤에 잃어버린 낚싯바늘을 찾아 지상으로 돌아온다. 이때 함께 가져온 주술적인 구슬 두 개와 주문으로 야마사치는 형 우미사치를 제압한 후에 지상의 통치권을 확보한다. 그러던 어느날 해산일이 다 된 도요타마히메가 야마사치를 찾아와 말한다. "제 본래의 모습으로 아이를 낳고자 하오니 부디 제 모습을 보지 말아 주십시오." 하지만 야마사치는 이 금기를 어겨 아내의 해산 장면을 훔쳐보고는 놀라 자빠진다. 도요타마히메는 큰 상어로 변하여 엉금엉금 기며 몸을 틀고 있었던 것이다. 남편이 엿본 것을 알게 된 아내는 동생인 다마요리히메에게 아이를 키워 줄 것을 당부하고 수치심에 친정으로 돌아가 버렸다. 이때 태어난 아이가 바로 우카야후키아에즈인데, 그는 자기를 키워준 이모와 결혼하여 그 사이에서 신화적인 초대 진무 천황을 낳았다.

그리스 신화의 신들과 마찬가지로 휴가 신화의 신들 또한 이런저런 스캔들로 가득 차 있다. 미색, 음모, 시기, 질투, 배반, 의심, 저주, 근친상간…… 천황을 신격화하고 천황제 신화를 절대적인 이데올로기이자 역사적인 사실로 강요했던 근대 일본은 당연히 이런 신들의 스캔들에 대해서는 철저히 함구함으로써 스스로가 진짜 스캔들로 만들어버린 셈이 되어버렸다.

이제 여행자의 발길은 남국의 향취가 물씬 풍겨나는 아

오시마신사와 우도신궁으로 향한다. 그 중 미야자키시 남쪽의 작은 아오시마 섬에 위치한 아오시마신사의 제신은 야마사치(히코호호데미 혹은 호오리)와 도요타마히메 및 시오츠치이다. 이곳은 매년 음력 12월 17일에 참가자들 전원이 완전히 알몸으로 참배하는 일본 유일의 하다카 축제로도 유명하다. 알몸이 된다는 것은 보여주고 엿보는 관음증의 소재를 제공하는 데에만 머무르지 않는다. 반대로 알몸은 '더 이상 보여줄 것 없음'의 미학으로서 모든 것을 비울 수 있도록 도와주기도 한다. 하지만 길을 잃은 여행자는 아직도 옷을 벗지 못한 채, 레비 스트로스가 감동했다는 우도신궁의 성역을 찾아 길을 재촉한다.

아름다운 우도 신궁은 도요타마히메가 우가야후키아에즈를 낳은 곳으로 전해진다. 이 신궁의 주재신이 바로 이 우가야후키아에즈이며, 그 밖에도 아마테라스 및 니니기 왕조의 역대 신들을 섬기고 있다. 전망 좋은 바닷가에 면한 동굴 속에 세워진 단아한 본전 뒤로 돌아가 보니, 오치치이와[お乳岩]라 불리는 젖무덤 모양의 돌이 눈에 들어온다. 전설에 의하면, 도요타마히메는 자신의 아이들을 남겨두고 해궁으로 돌아갈 때 바위에다 유방을 떼어놓고 갔다고 한다. 영원한 해원의 저 밑바닥에서 영원토록 밋밋한 가슴으로 살망정 모정(母情)만은 포기할 수 없었던 모양이다. 일본인들은 그런 모

정까지도 주술적으로 신격화해 버린다. 그래서 우도 신궁에서는 이 바위에서 떨어지는 물로 사탕을 만들어 판매한다. 그걸 아이한테 먹이면 잘 자란다는 것이다.

잃어버린 신화: 어느 백제 왕족의 르상티망

여행자의 마지막 여로는 미야자키현 히가시우스키군 낭고손의 쿠다라노사토[百濟の里], 즉 백제 마을로 정해졌다. 근래 부여(夫餘)와 자매결연을 맺었다는 이 지방에는 다음과 같은 전설이 지금까지도 면면히 이어져 내려오고 있다.

옛날 백제가 멸망할 때에 왕족과 신하들과 그 가솔들이 바다를 건너 일본에 망명했다. 기나이 지방에 도달한 백제의

남큐슈 낭고손 백제 마을에 있는 '백제회관'이라는 파칭코점.

왕족과 일행은 난리를 피해 다시 배를 타고 아키노쿠니(현재 히로시마현 서부에 해당하는 옛 지명)의 이츠쿠시마와 북큐슈를 거쳐 항해하다가 풍랑을 만나 휴가노쿠니(현재의 미야자키현에 해당하는 옛 지명)의 가네가하마와 가구치우라에 나누어 표착했다. 이 중 가네가하마에 표착한 정가왕(禎嘉王)과 그의 둘째 아들인 화지왕(華智王) 일행 10여 명은 점괘의 결과대로 지금의 미야자키현 히가시우스키군 낭고손 미카도에 정착한다. 한편 가구치우라에 상륙한 정가왕의 왕후 및 장남인 복지왕(福智王)과 그의 비(妃) 일행은 히키에 정착했으나, 추적해 온 적군이 미카도의 부왕을 찾아내어 공격하자 군사를 거느리고 미카도로 달려가 부왕과 합세하여 싸웠다. 이때 정가왕을 따르는 지역 호족이 군량을 지원해 주어 적을 물리칠 수 있었다고 한다. 그러나 결국 화지왕은 전사하고 정가왕도 화살을 맞아 사망한 후 미카도 신사의 주신으로 모셔지게 되었다.

하지만 불행히도 한일 양국 사료에 정가왕이라는 백제왕은 나오지 않으며 복지왕과 화지왕의 이름도 보이지 않는다. 백제왕이 미카도로 피난을 갔다는 기사도 없다. 하지만 이 일대에 정가왕과 관계된 전설이 여러 곳에 분포해 있고 지명과 백제 유물들이 다수 남아 있음을 볼 때, 백제 왕족이나 고관이 실제로 피난했을 가능성은 충분히 상정해 볼 수 있다. 가령 미야자키현에서 두 번째로 오래된 건축물인 미카도 신사에는 동경(銅鏡)을 비롯하여 백제의 것으로 보이는 유물들이 36점이나 소장되어 지금까지 전해지고 있다. 그 중에는 유명한 나라 도다이지[東大寺] 및 정창원(正倉院)에 있는 국보급 보물과 동시대의 것으로 말해지는 유물들도 있어 주목을 받고 있다. 최근에 미카도에서는 스스로를 '서쪽의 정창원'임을 내세우면서 동대사 정창원과 완전히 똑같게 유물창고를 지어 '서정창원'이라 이름 붙여 일반인에게 공개하고 있다. 그 서정창원에 들어가 보니 마침 그 지방의 시하스 축제에 관한 영상물을 상영하고 있었다. 이 축제는 매년 음력 12월 14일에서 23일에 걸쳐(교통이 발달한 현재에는 2박 3일로 단축됨) 히키 신사의 제신인 복지왕이 오도시신사의 어머니 신을 방문하고 그 어머니 신과 함께 아버지 신이 모셔져 있는 미카도 신사에 갔다 오는 장장 왕복 90km에 달하는 행렬로 이루어진다.

낭고손 백제 마을의 존재, 백제관, 서정창원, 미카도 신사와 히키 신사 및 오도시 신사에서 신으로 모셔져 있는 백제 왕족, 그리고 시하스 축제……. 그 모든 것은 여행자에게 길잃음의 빛깔이 어떤 것인지를 가르쳐준 듯싶다. 돌아갈 고향을 상실한 자의 르상티망은 아직도 사라지지 않은 채 끈질긴 추상(追想)으로 남아 재현되고 있지 않은가! 추상은 기억을 지워버리고자 함과 동시에 기억을 뒤따라간다. 그것은 우리의 몫이 아니라 전적으로 일본인에 의한, 그리고 일본인을 위한 추상임에 분명하다. 천손족 니니기에 대한 추상도 그러하고 한국악에 깃든 추상 또한 그러하다. 다시 말해 일본인의 정신은 한편으로 원향(原鄕)으로서의 한반도에 대한 신화적 기억을 지우고자 하면서도, 다른 한편으로는 그 기억을 보존하고자 하는 양면성을 내포하고 있다. 이즈모신화와 더불어 일본 신화의 두 축을 구성하는 휴가 신화는 이런 양면성을 잘 보여준다. 그런 모순된 긴장 속에서 일본인들은 자신의 아이덴티티를 만들어내 왔다.

하지만 이름만 남아 있고 실체를 확인할 수 없는 저 그림자 같은 망명자들의 르상티망은 불의 나라 한가운데의 용광로 속에서조차 다 타버리지 못하는 슬픈 운명을 걸고 있다. 일본인들이 신화를 만드는 동안 그들은 신화를 잃어 버렸기 때문일까? 그러나 진정한 신화란 '길 없는 길'임을 아는 여행자에게 신화는 결코 잃어버리거나 찾거나 만들거나 파괴하거나 빼앗거나 빼앗기거나 할 수 있는 것이 아니다. 어느 시인의 모놀로그처럼 그는 다만 지옥이든 영원이든 "죽어가는 모든 것들을 사랑하면서 주어진 길을 걸어갈 뿐"이다. 길이 있든지 없든지…….

참고문헌

김달수·배석주 옮김, 『일본 속의 한국문화 유적을 찾아서』, 대원사, 1995.

무라오카 츠네츠구. 박규태 옮김, 『일본신도사』, 예문서원, 1998.

박규태, 「신들의 고향 이즈모」, 『종교문화비평』 3, 청년사, 2003.

박규태, 「일본 신가의 메카, 이세신궁」, 『종교문화비평』 4, 청년사, 2003.

박규태, 「신불분리의 종교사적 일고찰 : 신불의 타자론」, 『아세아연구』 제46권 4호, 고려대학교 아세아문제연구소, 2003.

박규태, 「재앙의 신에서 학문의 신으로 : 천신신앙의 원류를 찾아」, 『종교문화비평』 2, 청년사, 2002.

박규태, 「국가신도란 무엇인가」, 『종교연구』 29, 한국종교학회, 2002.

박규태, 『아마테라스에서 모노노케히메까지 : 종교로 읽는 일본인의 마음』, 책세상, 2001.

박규태, 「야스쿠니(靖國)신사와 일본의 종교문화」, 『종교문화연구』 2, 한신대 종교문제연구소, 2000.

박규태, 「신사 : 교조도 경전도 없는 종교」, 윤상인(외), 『일본을 강하게 만든 문화코드16』, 나무와 숲, 2000.

아마 토시마로. 정형 옮김, 『일본인은 왜 종교가 없다고 말하는가』, 예문서원, 2000.

아베 마사미치. 배정웅 옮김, 『신사문화를 모르고 일본 문화를 말할 수 있는가』, 도서출판 계명, 2000.

야스마루 요시오. 이원범 옮김, 『천황제 국가의 성립과 종교변혁』, 소화, 2002.

이광래, 「일본고대의 신화적 습합현상으로서의 八幡信仰에 관한 연구」, 『일본역사연구』 11, 일본사학회, 2000.

임동권, 『한국에서 본 일본의 민속문화』, 민속원, 2004.

오에 시노부. 양현혜외 옮김, 『야스쿠니신사』, 소화, 2001.

칸노 카쿠묘. 이이화 옮김, 『어머니가 없는 나라 일본 : 신도의 역습』, 집문당, 2003.

谷川健一 編,『日本の神 : 神社と聖地』(全13巻), 白水社, 1984~1987.

薗田稔 監修,『神社紀行』(全50巻), 學研, 2002~2003.

司馬遼太郎 他編,『日本の朝鮮文化』, 中公文庫(9판), 1991.

司馬遼太郎 他編,『日本の渡來文化』, 中公文庫(4판), 1991.

司馬遼太郎 他編,『古代日本と朝鮮』, 中公文庫(6판), 1991.

村上重良,『慰霊と招魂 : 靖國の思想』, 岩波書店, 1974.

井上順孝 編,『神道』, 新曜社, 1998.

爪生中 他,『日本神道のすべて』, 日本文芸社, 1998.

上田正昭 編,『出雲の神々』, 筑摩書房, 1987.

千家尊統,『出雲大社』, 學生社(2판), 1998.

所功,『伊勢神宮』, 講談社學術文庫, 1993.

千田稔,『伊勢神宮』, 中公新書, 2005.

藤谷俊雄,『「おかげまいり」と「ええじゃないか」』, 岩波新書, 1968.

梅原猛,『天皇家のふるさと'日向をゆく』, 新潮社, 2000.

일본의 신사(神社)

펴낸날	초 판 1쇄 2005년 7월 15일
	초 판 2쇄 2006년 10월 30일
	개정판 1쇄 2013년 7월 12일
	개정판 2쇄 2017년 4월 10일

지은이	박규태
펴낸이	심만수
펴낸곳	(주)살림출판사
출판등록	1989년 11월 1일 제9-210호

주소	경기도 파주시 광인사길 30
전화	031-955-1350 팩스 031-624-1356
홈페이지	http://www.sallimbooks.com
이메일	book@sallimbooks.com

ISBN	978-89-522-0406-6 04080
	978-89-522-0096-9 04080(세트)

085 책과 세계

강유원(철학자)

책이라는 텍스트는 본래 세계라는 맥락에서 생겨났다. 인류가 남긴 고전의 중요성은 바로 우리가 가 볼 수 없는 세계를 글자라는 매개를 통해서 우리에게 생생하게 전해 주는 것이다. 이 책은 역사라는 시간과 지상이라고 하는 공간 속에 나타났던 텍스트를 통해 고전에 담겨진 사회와 사상을 드러내려 한다.

056 중국의 고구려사 왜곡　　eBook

최광식(고려대 한국사학과 교수)

중국의 고구려사 왜곡의 숨은 의도와 논리, 그리고 우리의 대응 방안을 다뤘다. 저자는 동북공정이 국가 차원에서 진행되는 정치적 프로젝트임을 치밀하게 증언한다. 경제적 목적과 영토 확장의 이해관계 등이 복잡하게 얽혀 있는 동북공정의 진정한 배경에 대한 설명, 고구려의 역사적 정체성에 대한 문제, 고구려사 왜곡에 대한 우리의 대처방법 등이 소개된다.

291 프랑스 혁명　　eBook

서정복(충남대 사학과 교수)

프랑스 혁명은 시민혁명의 모델이자 근대 시민국가 탄생의 상징이지만, 그 실상을 아는 사람은 많지 않다. 프랑스 혁명이 바스티유 습격 이전에 이미 시작되었으며, 자유와 평등 그리고 공화정의 꽃을 피기 위해 너무 많은 피를 흘렸고, 혁명의 과정에서 해방과 공포가 엇갈리고 있었다는 등의 이야기를 통해 프랑스 혁명의 실상을 소개한다.

139 신용하 교수의 독도 이야기　　eBook

신용하(백범학술원 원장)

사학계의 원로이자 독도 관련 연구의 대가인 신용하 교수가 일본의 독도 영토 편입문제를 걱정하며 일반 독자가 읽기 쉽게 쓴 책. 저자는 역사적으로나 국제법상으로 실효적 점유상으로나, 어느 측면에서 보아도 독도는 명백하게 우리 땅이라고 주장하며 여러 가지 역사적인 자료를 제시한다.

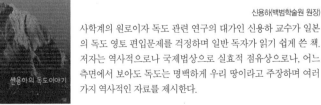

144 페르시아 문화

eBook

신규섭(한국외대 연구교수)

인류 최초 문명의 뿌리에서 뻗어 나와 아랍을 넘어 중국, 인도와 파키스탄, 심지어 그리스에까지 흔적을 남긴 페르시아 문화에 대한 개론서. 이 책은 오랫동안 베일에 가려 있던 페르시아 문명을 소개하여 이슬람에 대한 편견과 오해를 바로 잡는다. 이태백이 이 란계였다는 사실, 돈황과 서역, 이란의 현대 문화 등이 서술된다.

086 유럽왕실의 탄생

김현수(단국대 역사학과 교수)

인류에게 '예술과 문명' 그리고 '근대와 국가'라는 개념을 선사한 유럽왕실. 유럽왕실의 탄생배경과 그 정체성은 무엇인가? 이 책은 게르만의 한 종족인 프랑크족과 메로빙거 왕조, 프랑스의 카페 왕조, 독일의 작센 왕조, 잉글랜드의 웨섹스 왕조 등 수많은 왕조의 출현과 쇠퇴를 통해 유럽 역사의 변천을 소개한다.

016 이슬람 문화

이희수(한양대 문화인류학과 교수)

이슬람교와 무슬림의 삶, 테러와 팔레스타인 문제 등 이슬람 문화 전반을 다룬 책. 저자는 그들의 멋과 가치관을 흥미롭게 설명하면서 한편으로 오해와 편견에 사로잡혀 있던 시각의 일대 전환을 요구한다. 이슬람교와 기독교의 관계, 무슬림의 삶과 낭만, 이슬람 원리주의와 지하드의 실상, 팔레스타인 분할 과정 등의 내용이 소개된다.

100 여행 이야기

eBook

이진홍(한국외대 강사)

이 책은 여행의 본질 위를 '길거리의 철학자'처럼 편안하게 소요한다. 먼저 여행의 역사를 더듬어 봄으로써 여행이 어떻게 인류 역사의 형성과 같이해 왔는지를 생각하고, 다음으로 여행의 사회학적·심리학적 의미를 추적함으로써 여행에 어떤 의미를 부여할 것인가에 대해 말한다. 또한 우리의 내면과 여행의 관계 정의를 시도한다.

293 문화대혁명 _{중국 현대사의 트라우마}

eBook

백승욱(중앙대 사회학과 교수)

중국의 문화대혁명은 한두 줄의 정부 공식 입장을 통해 정리될 수 없는 중대한 사건이다. 20세기 중국의 모든 모순은 사실 문화대혁명 시기에 집약되어 있다고 해도 과언이 아니다. 사회주의 시기의 국가·당·대중의 모순이라는 문제의 복판에서 문화대혁명을 다시 읽을 필요가 있는 지금, 이 책은 문화대혁명에 대한 안내자가 될 것이다.

174 정치의 원형을 찾아서

eBook

최자영(부산외국어대학교 HK교수)

인류가 걸어온 모든 정치체제들을 매우 짧은 기간 동안 시험하고 정비한 나라, 그리스. 이 책은 과두정, 민주정, 참주정 등 고대 그리스의 정치사를 추적하고, 정치가들의 파란만장한 일화 등을 소개하고 있다. 특히 이 책의 저자는 아테네인들이 추구했던 정치방법이 오늘 우리 사회가 당면한 문제를 해결할 수 있는 지혜의 발견에 도움을 줄 수 있을 것이라고 말한다.

420 위대한 도서관 건축순례

eBook

최정태(부산대학교 명예교수)

이 책은 도서관의 건축을 중심으로 다룬 일종의 기행문이다. 고대 도서관에서부터 21세기에 완공된 최첨단 도서관까지, 필자는 가능한 많은 도서관을 직접 찾아보려고 애썼다. 미처 방문하지 못한 도서관에 대해서는 문헌과 그림 등 가능한 많은 정보를 수집하려 노력했다. 필자의 단상들을 함께 읽는 동안 우리 사회에서 도서관이 차지하는 의미에 대해 다시 생각하게 된다.

421 아름다운 도서관 오디세이

eBook

최정태(부산대학교 명예교수)

이 책은 문헌정보학과에서 자료 조직을 공부하고 평생을 도서관에 몸담았던 한 도서관 애찬가의 고백이다. 필자는 퇴임 후 지금까지 도서관을 돌아다니면서 직접 보고 배운 것이 40여 년 동안 강단과 현장에서 보고 얻은 이야기보다 훨씬 많았다고 말한다. '세계 도서관 여행 가이드'라 불러도 손색없을 만큼 풍부하고 다채로운 내용이 이 한 권에 담겼다.

eBook 표시가 되어있는 도서는 전자책으로 구매가 가능합니다.

(주)살림출판사
www.sallimbooks.com
주소 경기도 파주시 문발동 522-1 | 전화 031-955-1350 | 팩스 031-955-1355